Curso

*La diferencia entre aprobar
y sacar plaza*

Subalterno/a

AF276584

AYUNTAMIENTO DE A CORUÑA

Accede a tu **Curso MAD360** y disfruta de los siguientes recursos:

- Técnicas de Memoria 360.
- MADTEST: Test nivel PRO.
- Temario en formato digital.
- Vídeos.
- Esquemas.
- Planificación de estudio.
- Foro entre opositores hasta la fecha del examen.*
- Recursos y novedades exclusivas.
- Consulta sobre la oposición y el proceso selectivo.
- Actualizaciones legislativas (Boletines Oficiales) hasta 60 días antes de la fecha del examen.*

Para acceder al Curso MAD360** será necesaria la compra de todos los libros para esta especialidad de la edición 2024.

Valida los códigos que encuentras en la última página de tus libros y disfruta de la experiencia MAD360.

Infórmate en: mad.es/registro-campus

NOTA IMPORTANTE:

* Examen de esta categoría profesional correspondiente a la convocatoria publicada en el BOP de A Coruña n.º 166, de 29 de agosto de 2024, o hasta el 30 de noviembre de 2025, lo que se cumpla antes.

** El acceso al CURSO MAD360 estará disponible desde noviembre de 2024 (algunos recursos podrían estar disponibles en fecha posterior). Tendrá una duración de 365 días, desde la validación de códigos, o hasta el 31 de mayo de 2026, lo que se cumpla antes.

MAD se reserva el derecho a ampliar dichas fechas.

Subalterno/a del Ayuntamiento de A Coruña

Octubre, 2024

Subalterno/a del Ayuntamiento de A Coruña

Test del temario

Autoras

JOSEFA GUILLERMA GANCEDO CONS
Licenciada en Derecho
Jefa de Servicio de Administración Empresarial en la Xunta de Galicia

TERESA MARIA TORRES FONSECA
Licenciada en Derecho

© 7 Editores Recursos para la Cualificación Profesional y el Empleo, S.L. (7 Editores)
© Las autoras
Primera edición, octubre 2024 (158 páginas)
Derechos de edición reservados a favor de 7 Editores
IMPRESO EN ESPAÑA
Diseño Portada: 7 Editores
Edita: 7 Editores
Avda. San Francisco Javier, 9 · Edificio Sevilla 2 · Planta 11 · Módulos 25-27 · 41018 Sevilla
Teléfono: 954 784 411 · WEB: www.mad.es · e-mail: administracion@7editores.com
ISBN: 978-84-142-8816-0
© "Editorial Mad" y "Eduforma" son nombres comerciales registrados de
7 Editores Recursos para la Cualificación Profesional y el Empleo, S.L.

Índice

Test Parte Común

TEST N.º 1

Constitución española de 1978: Título preliminar. Los derechos y deberes fundamentales, sus garantías y suspensión. Estatuto de Autonomía de Galicia: Título preliminar. El Parlamento, la Xunta y su Presidente

1. ¿En qué se fundamenta la Constitución Española?

a) En un Estado social y democrático de Derecho.
b) En la indisoluble unidad de la Nación española.
c) En la independencia de los poderes del Estado.
d) En la organización territorial del Estado.

2. Según el artículo 3 de la CE, el castellano es la lengua oficial del Estado y todos los españoles:

a) Tienen el deber de usar y el derecho de conocer el castellano.
b) Tienen el derecho y el deber de conocer el castellano.
c) Tienen el deber de conocer y el derecho de usar el castellano.
d) Tienen el derecho de conocer y usar el castellano.

3. La Constitución Española reconoce y garantiza el derecho a la autonomía:

a) De las nacionalidades que la integran.
b) De las regiones que la integran.
c) De las Comunidades Autónomas que la integran.
d) De las nacionalidades y regiones que la integran.

4. El Preámbulo de la Constitución:

a) Tiene en sí carácter de norma jurídica.
b) Es una declaración de intenciones, destinada a interpretar lo que se quiere alcanzar con el contenido normativo de la Constitución.
c) Se trata de un texto sin fuerza jurídica de obligar.
d) Las respuestas b) y c) son correctas.

11

5. Señala la respuesta correcta, respecto de la aprobación, ratificación y publicación de la Constitución Española:

a) Aprobada por las Cortes el 31 de octubre de 1978, ratificada por el pueblo en referéndum el 6 de diciembre de 1978 y publicada el 29 de diciembre de 1978.
b) Aprobada por las Cortes el 30 de octubre de 1978, ratificada por el pueblo en referéndum el 16 de diciembre de 1978 y publicada el 27 de diciembre de 1978.
c) Aprobada por las Cortes el 31 de octubre de 1978, ratificada por el pueblo en referéndum el 16 de diciembre de 1978 y publicada el 29 de diciembre de 1978.
d) Aprobada por las Cortes el 10 de octubre de 1978, ratificada por el pueblo en referéndum el 26 de diciembre de 1978 y publicada el 30 de diciembre de 1978.

6. ¿En qué parte de la Carta Magna se establece la exposición de motivos que impulsan la norma constitucional y los objetivos que con ella se pretenden alcanzar?

a) En el Título Preliminar.
b) En el Preámbulo.
c) En el Título I.
d) En el Título II.

7. La Constitución Española fue sancionada por:

a) El Rey.
b) El Presidente del Congreso.
c) Las Cortes Generales.
d) El Presidente del Gobierno.

8. ¿Cuáles de los siguientes españoles de origen pueden ser privados de su nacionalidad?

a) Exclusivamente los miembros de grupos terroristas.
b) Los miembros de grupos terroristas y los que atenten contra el Rey u otro miembro de la Casa Real.
c) Los que atenten contra un miembro de la Familia Real o del Gobierno de la Nación.
d) Ningún español de origen podrá ser privado de su nacionalidad.

9. Según la CE son fundamentos del orden político y la paz social:

a) La dignidad de la persona, los derechos violables que les son inherentes y el respeto a la ley.
b) La dignidad de la persona, el desarrollo limitado de la personalidad y el respeto a la ley.
c) El respeto a la ley, a los reglamentos administrativos y demás disposiciones legales.
d) La dignidad de la persona, los derechos inviolables que le son inherentes, el libre desarrollo de su personalidad, el respeto a la ley y a los derechos de los demás.

10. ¿Cuál de los siguientes es considerado por la CE como uno de los valores superiores del ordenamiento jurídico?

a) La jerarquía normativa.
b) El pluralismo político.
c) La publicidad normativa.
d) La equidad.

11. La forma política del Estado español es:

a) Democracia parlamentaria.
b) Gobierno parlamentario.
c) Monarquía parlamentaria.
d) República democrática.

12. La parte de la CE que regula la estructura de los principales órganos del Estado recibe el nombre de:

a) Parte dogmática.
b) Parte orgánica.
c) Parte estatal.
d) Parte estructural.

13. Según la CE, la soberanía nacional:

a) Corresponde a las Cortes Generales, al estar compuestas por los representantes del pueblo.
b) Corresponde al Rey.
c) Reside en el pueblo español.
d) Corresponde al Gobierno de la Nación elegido directamente por el pueblo.

14. ¿En qué parte de la Carta Magna se señalan los valores superiores del ordenamiento jurídico?

a) En el Preámbulo.
b) En el Título Preliminar.
c) En el Título I.
d) Ninguna respuesta es correcta.

15. ¿Cuál de las siguientes es una de las características de nuestra Constitución de 1978?

a) Consensuada.
b) Corta.
c) Conservadora.
d) Originalidad.

16. Son el fundamento del orden político y de la paz social:

a) El libre desarrollo de la personalidad.
b) Los derechos inviolables que les son inherentes.
c) El respeto a la ley y a los derechos de los demás.
d) Todas las respuestas son correctas.

17. ¿Qué quedará excluido de extradición?

a) Los delitos criminales.
b) Los delitos políticos.
c) Los actos de terrorismo.
d) Ninguno.

18. ¿Qué debe ser democrático, a tenor de lo dispuesto en la Constitución Española, en los sindicatos de trabajadores y las asociaciones empresariales?

a) Su funcionamiento.
b) Su estructura interna.
c) Su funcionamiento y estructura interna.
d) Sus órganos asamblearios.

19. ¿De cuántos Capítulos consta el Título I de la CE de 1978?

a) De tres.
b) De cinco.
c) De dos.
d) De cuatro.

20. El principio en virtud del cual un Reglamento no puede contradecir una ley es el de:

a) Legalidad.
b) Jerarquía normativa.
c) Las respuestas a) y b) son correctas.
d) Seguridad jurídica.

21. Según la Constitución, una norma que imponga una nueva pena más leve para un delito:

a) No se aplica retroactivamente.
b) Puede aplicarse retroactivamente.
c) Ha de ser reglamentaria.
d) Atenta contra el principio de legalidad penal si se aplica retroactivamente.

22. Todos los españoles, respecto al castellano, tienen el:

a) Derecho-deber de conocerlo.
b) Derecho de usar y deber de conocerlo.
c) Derecho-deber de usarlo.
d) Nada de lo anterior.

23. La capital del Estado en España es:

a) La propia de cada Comunidad Autónoma.
b) La villa de Madrid.
c) Aquella donde se establezca en cada momento el Gobierno de la Nación.
d) Aquella en la que resida generalmente el Rey.

24. El Título de la Constitución que trata de la reforma constitucional es el:

a) Primero.
b) Décimo.
c) Noveno.
d) Undécimo.

25. Los principios rectores de la política social y económica se regulan en el siguiente Capítulo y Título de la Constitución:

a) Segundo del Primero.
b) Tercero del Primero.
c) Tercero del Preliminar.
d) Primero del Séptimo.

26. La justicia, según nuestra Constitución, es un/una:

a) Principio de nuestro ordenamiento jurídico.
b) Valor superior del anterior.
c) Manifestación del Estado democrático.
d) Todo lo anterior.

27. Un español de origen puede perder esta nacionalidad:

a) Por sanción administrativa.
b) Cuando libremente renuncie a la misma.
c) Por condena penal.
d) En ningún caso.

28. Constituye el fundamento del orden público y de la paz social, según la Constitución, el/la/los:

a) Derechos inviolables inherentes a la persona.
b) Estado social y democrático de Derecho.
c) Seguridad jurídica.
d) Justicia.

29. Las Comunidades Autónomas deben usar o instalar la bandera española:

a) En sus edificios.
b) En los actos oficiales.
c) Cuando lo solicite el Delegado del Gobierno de la Nación en las mismas.
d) Cuando lo estimen oportuno.

30. Deben tener una estructura interna y un funcionamiento democrático los/las:

a) Partidos Políticos.
b) Colegios Profesionales.
c) Organizaciones Profesionales.
d) Todos ellos.

31. La defensa de la integridad territorial de España se atribuye por la Constitución a/al/a las:

a) Fuerzas y Cuerpos de Seguridad.
b) Fuerzas Armadas.
c) Gobierno de la Nación.
d) Todas las anteriores.

32. El Título de la Constitución que trata de las relaciones entre el Gobierno y las Cortes Generales es el:

a) Cuarto.
b) Quinto.
c) Sexto.
d) Tercero.

33. La Constitución entró en vigor:

a) Al día siguiente de su publicación en el Boletín Oficial del Estado.
b) El 27 de diciembre de 1978.
c) El 29 de diciembre de 1978.
d) Al ser aprobada en la sesión conjunta por el Congreso de los Diputados y el Senado.

34. ¿En qué fecha aprobaron las Cortes Generales la Constitución Española?

a) El 31 de octubre de 1978.
b) El 6 de diciembre de 1978.
c) El 27 de diciembre de 1978.
d) El 29 de diciembre de 1978.

35. ¿Cuál de las siguientes no es una característica de la Carta Magna?

a) Su rigidez.
b) El establecimiento, como forma política del Estado, de la monarquía hereditaria.
c) Su codificación en un solo texto.
d) Su extensión.

36. ¿De cuántos artículos consta la Constitución Española de 1978?

a) De 154.
b) De 163.
c) De 169.
d) De 171.

37. ¿Cuál de los siguientes no es uno de los valores superiores de nuestro ordenamiento jurídico?

a) El pluralismo político.
b) La solidaridad.
c) La libertad.
d) La igualdad.

38. A tenor del artículo 11 de la Constitución, los españoles de origen podrán ser privados de su nacionalidad:

a) Cuando así lo determinen las leyes.
b) Cuando entren al servicio de las armas de un país extranjero.
c) Cuando así lo apruebe el Consejo de Ministros.
d) En ningún caso un español de origen podrá ser privado de su nacionalidad.

39. Las Cortes Generales, ¿en qué Título de nuestra Constitución se recogen?

a) En el Título II.
b) En el Título III.
c) En el Título IV.
d) En el Título VI.

40. Según la Disposición Final de nuestra Constitución, esta entrará en vigor:

a) Al día siguiente de su publicación en el Boletín Oficial del Estado.
b) A los veinte días de la publicación de su texto oficial en el Boletín Oficial del Estado.
c) El mismo día de la publicación de su texto oficial en el Boletín Oficial del Estado.
d) Al año de la publicación de su texto oficial en el Boletín Oficial del Estado.

41. El derecho a la propiedad en nuestra Constitución es un Derecho:

a) Inherente a la condición humana.
b) Absoluto.
c) Que está limitado por la función social de la misma.
d) Ninguna de las respuestas anteriores es correcta.

42. Dispone la Carta Magna que todos contribuirán al sostenimiento de los gastos públicos de acuerdo con su capacidad económica mediante un sistema tributario justo inspirado en los principios de:

a) Legalidad y equidad.
b) Igualdad y progresividad.
c) Publicidad y legalidad.
d) Eficacia y sostenibilidad.

43. En virtud del principio de progresividad tributaria:

a) Se implantarán paulatinamente cada vez mayores tributos.
b) Los tipos impositivos serán regresivos.
c) Prima el principio de igualdad en el pago de los tributos.
d) Nada de lo expuesto es cierto.

44. Según la Constitución, el Estado es:

a) Apolítico.
b) Aconfesional.
c) De bienestar social.
d) Federal.

45. El derecho a la vida se consagra en el siguiente artículo de la Constitución:

a) 10.
b) 16.
c) 15.
d) 24.

46. La pena de muerte en España:

a) Ha quedado abolida.
b) Puede aplicarse en cualquier momento.
c) Solo se aplicará, en tiempo de guerra, a los militares.
d) Rige solo en el ámbito civil.

47. La inmediata puesta a disposición judicial derivada del *habeas corpus*, se produce por:

a) Detención ilegal.
b) Prisión ilegal.
c) Prisión preventiva.
d) Detención preventiva.

48. El proceso en el que se enjuicie a un presunto delincuente debe:

a) Ser sumario.
b) No dilatarse.
c) Entorpecer los instrumentos probatorios.
d) Nada de lo anterior es cierto.

49. La entrada en un domicilio en caso de flagrante delito, sin autorización de su titular:

a) Puede dar lugar a la aplicación del habeas corpus.
b) Requiere autorización previa de la autoridad judicial.
c) Puede efectuarse en todo momento.
d) No puede realizarse en momento alguno.

50. Cuando, al conocerse la comisión de un delito por una persona, se acude a su domicilio para detenerla:

a) Está obligada a franquear la entrada.
b) Se necesitará autorización judicial para entrar, si no da su consentimiento para ello.
c) Pese a que no dé su consentimiento, se puede entrar.
d) Nada de lo anterior es correcto.

51. La autorización previa para celebrar una manifestación pública:

a) La da el Subdelegado del Gobierno en la Provincia.
b) Es ineludible.
c) Sería inconstitucional.
d) Se da cuando no se prevean alteraciones al orden público, con peligro para personas o bienes.

52. El tipo de sufragio que consagra la Constitución es el:

a) Proporcional.
b) Universal.
c) Censitario.
d) Las respuestas a) y b) son correctas.

53. Además de la no autoinculpación, la Constitución prevé que no se está obligado a declarar sobre un hecho presuntamente delictivo en caso de:

a) Parentesco y afinidad.
b) Cláusula de conciencia.
c) Secreto profesional.
d) Las respuestas a) y b) son correctas.

54. Los Tribunales de Honor están prohibidos respecto de los/la/las:

a) Sindicatos y Organizaciones Profesionales.
b) Administración Civil y Militar.
c) Organizaciones Profesionales y la Administración Civil.
d) Todas las respuestas anteriores son correctas.

55. ¿En qué artículos de nuestra CE se recogen los derechos fundamentales y de las libertades públicas?

a) En los artículos 10 a 43.
b) En los artículos 25 a 38.
c) En los artículos 31 a 45.
d) En los artículos 15 a 29.

56. La fundación de una Internacional Sindical por un sindicato español:

a) Es libre.
b) Está prohibida.
c) Debe plasmarse en un Tratado Internacional.
d) Nada de lo anterior es cierto.

57. El ejercicio del derecho de petición a través de una manifestación ciudadana:

a) No se admite.
b) Se admite en algún caso.
c) Se admite, salvo para los militares.
d) Ni se admite ni se prohíbe.

58. Nuestro sistema tributario ha de ser:

a) Regresivo e igualitario.
b) Progresivo y generalizado.
c) Confiscatorio.
d) Justo y regresivo.

59. Las Fundaciones son:

a) Entidades constituidas para fines de interés general.
b) Administración Corporativa.
c) Entidades privadas con fines de carácter también privado.
d) Asociaciones de personas para conseguir fines de interés general.

60. La asistencia de todo orden a los hijos habidos extraconyugalmente:

a) No está prevista en la Constitución.
b) Es un deber de los padres.
c) Se dispensará por Instituciones de Beneficencia.
d) Se dispensa solo a los que de ellos tengan discapacidad.

61. La especulación urbanística, según la Constitución:

a) Debe evitarse.
b) Está permitida.
c) Genera plusvalías para la colectividad.
d) Pueden hacerla los poderes públicos.

62. No es susceptible de recurso de amparo el derecho a la/de:

a) Sindicación.
b) Investigación científica.
c) Secreto de las comunicaciones.
d) Lo son todos ellos.

63. No es susceptible de recurso de amparo el derecho de:

a) Libertad de cátedra.
b) Negociación colectiva.
c) Manifestación.
d) Huelga.

64. Es susceptible de recurso de amparo el derecho a la/de:

a) Libre sindicación.
b) Petición.

c) Cláusula de conciencia.
d) Lo están todos ellos.

65. Una vez declarado el estado de excepción no se puede suspender el derecho/ libertad de:

a) Huelga.
b) Enseñanza.
c) Adopción de medidas de conflicto colectivo.
d) Libertad de circulación.

66. Durante el estado de excepción, un detenido conserva el derecho de/a:

a) Setenta y dos horas para ser puesto a disposición judicial.
b) Secreto de comunicaciones.
c) Asistencia de Letrado.
d) Ninguno de ellos.

67. Se puede suspender, con motivo de investigaciones relativas a bandas armadas, el derecho de:

a) Huelga.
b) Inviolabilidad del domicilio.
c) Libertad de circulación.
d) Las respuestas b) y c) son correctas.

68. Nuestra Constitución trata de los derechos y deberes fundamentales de los españoles en su Título I, denominado:

a) De los derechos y deberes fundamentales.
b) De los deberes de los españoles.
c) De los derechos de los españoles.
d) De los derechos y deberes principales de los españoles.

69. La aprobación de los presupuestos de la Comunidad Autónoma de Galicia corresponde:

a) Al Presidente de la Xunta de Galicia.
b) A la Xunta de Galicia.
c) Al Congreso de los Diputados.
d) Al Parlamento de Galicia.

70. El artículo 12.3 del Estatuto de Autonomía de Galicia dice que el Parlamento funcionará:

a) En Plenos y en Diputación Permanente.
b) En Plenos y en Comisiones, y se reunirá en sesiones ordinarias y extraordinarias.

c) En Plenos y en Mesas, y se reunirá en sesiones ordinarias.

d) En Pleno y en Diputación Permanente, y se reunirá en sesiones ordinarias y extraordinarias.

71. Como dice el artículo 15.3 del Estatuto de Autonomía de Galicia, el que propone al candidato a Presidente de la Xunta de Galicia es:

a) La Diputación Permanente.

b) El Parlamento Gallego en Pleno.

c) El Presidente del Parlamento.

d) El Rey.

72. La Comunidad Autónoma de Galicia goza de autonomía plena. Indica qué precepto constitucional fundamenta este proceso:

a) El artículo 143.

b) El artículo 151.

c) El artículo 148.

d) El artículo 150.

73. Indica qué ley orgánica aprobó el Estatuto de Autonomía de Galicia para que Galicia se constituyese en Comunidad Autónoma:

a) Ley Orgánica 1/1981, de 6 de abril.

b) Ley Orgánica 1/1982, de 6 de abril.

c) Ley Orgánica 1/1981, de 7 de abril.

d) Ley Orgánica 2/1981, de 6 de abril.

74. Los poderes de la Comunidad Autónoma de Galicia emanan de la Constitución, de su Estatuto de Autonomía y del:

a) Pueblo.

b) Gobierno.

c) Estado.

d) Municipio.

75. El Parlamento será elegido por un plazo de:

a) 2 años.

b) 4 años.

c) 5 años.

d) 3 años.

76. El Estatuto de Autonomía de Galicia se estructura en:

a) Un Título Preliminar, 5 títulos más.

b) Un Título Preliminar, 4 títulos más.

c) Un Título Preliminar, 6 títulos más.
d) Cinco títulos.

77. ¿En qué artículo de la Constitución se consagra el derecho a la autonomía de las nacionalidades y regiones?

a) En el artículo 1.
b) En el artículo 2.
c) En el artículo 9.
d) Todas son falsas.

78. El Título VIII de la Constitución Española regula:

a) El Gobierno y la Administración.
b) La Corona.
c) La economía y hacienda.
d) La organización territorial del Estado.

79. Podrán acceder a su autogobierno y constituirse en Comunidades Autónomas:

a) Las provincias limítrofes con características históricas, culturales y económicas comunes.
b) Los territorios insulares.
c) Las provincias con entidad regional histórica.
d) Todas son correctas.

80. La doctrina mayoritaria afirma que el Estatuto de Autonomía es:

a) Una norma europea.
b) Una norma estatal.
c) Una norma autonómica.
d) Tanto una norma estatal como una norma autonómica.

81. El Estatuto de Autonomía de Galicia se compone de:

a) 47 artículos.
b) 67 artículos.
c) 57 artículos.
d) 75 artículos.

82. Corresponde a la Junta de Galicia:

a) Aprobar los reglamentos generales de sus propios tributos.
b) Elaborar las normas reglamentarias precisas para gestionar los impuestos estatales cedidos de acuerdo con los términos de dicha cesión.
c) Son correctas a) y b).
d) Ninguna es correcta.

83. Los poderes de la Comunidad Autónoma se ejercen a través de:

a) El Parlamento.
b) La Junta.
c) Su Presidente.
d) Todas son ciertas.

84. Son funciones del Parlamento de Galicia:

a) Ejercer la potestad legislativa de la Comunidad Autónoma.
b) Controlar la acción ejecutiva de la Junta, aprobar los presupuestos y ejercer las otras competencias que le sean atribuidas por la Constitución, por el Estatuto, por las leyes del Estado y las del Parlamento de Galicia.
c) Elegir de entre sus miembros al Presidente de la Junta de Galicia.
d) Todas son ciertas.

Solución al test n.º 1

1. b) En la indisoluble unidad de la Nación española.

2. c) Tienen el deber de conocer y el derecho de usar el castellano.

3. d) De las nacionalidades y regiones que la integran.

4. d) Las respuestas b) y c) son correctas.

5. a) Aprobada por las Cortes el 31 de octubre de 1978, ratificada por el pueblo en referéndum el 6 de diciembre de 1978 y publicada el 29 de diciembre de 1978.

6. b) En el Preámbulo.

7. a) El Rey.

8. d) Ningún español de origen podrá ser privado de su nacionalidad.

9. d) La dignidad de la persona, los derechos inviolables que le son inherentes, el libre desarrollo de su personalidad, el respeto a la ley y a los derechos de los demás.

10. b) El pluralismo político.

11. c) Monarquía parlamentaria.

12. b) Parte orgánica.

13. c) Reside en el pueblo español.

14. b) En el Título Preliminar.

15. a) Consensuada.

16. d) Todas las respuestas son correctas.

17. b) Los delitos políticos.

18. c) Su funcionamiento y estructura interna.

19. b) De cinco.

20. c) Las respuestas a) y b) son correctas.

21. b) Puede aplicarse retroactivamente.

22. b) Derecho de usar y deber de conocerlo.

23. b) La villa de Madrid.

24. b) Décimo.

25. b) Tercero del Primero.

26. b) Valor superior del anterior.

27. b) Cuando libremente renuncie a la misma.

28. a) Derechos inviolables inherentes a la persona.

29. b) En los actos oficiales.

30. d) Todos ellos.

31. b) Fuerzas Armadas.

32. b) Quinto.

33. c) El 29 de diciembre de 1978.

34. a) El 31 de octubre de 1978.

35. b) El establecimiento, como forma política del Estado, de la monarquía hereditaria.

36. c) De 169.

37. b) La solidaridad.

38. d) En ningún caso un español de origen podrá ser privado de su nacionalidad.

39. b) En el Título III.

40. c) El mismo día de la publicación de su texto oficial en el Boletín Oficial del Estado.

41. c) Que está limitado por la función social de la misma.

42. b) Igualdad y progresividad.

43. d) Nada de lo expuesto es cierto.

44. b) Aconfesional.

45. c) 15.

46. a) Ha quedado abolida.

47. a) Detención ilegal.

48. b) No dilatarse.

49. c) Puede efectuarse en todo momento.

50. b) Se necesitará autorización judicial para entrar, si no da su consentimiento para ello.

51. c) Sería inconstitucional.

52. b) Universal.

53. c) Secreto profesional.

54. c) Organizaciones Profesionales y la Administración Civil.

55. d) En los artículos 15 a 29.

56. a) Es libre.

57. a) No se admite.

58. b) Progresivo y generalizado.

59. a) Entidades constituidas para fines de interés general.

60. b) Es un deber de los padres.

61. a) Debe evitarse.

62. b) Investigación científica.

63. b) Negociación colectiva.

64. d) Lo están todos ellos.

TEST N.º 1 ▌▌▌▌

65. b) Enseñanza.

66. c) Asistencia de Letrado.

67. b) Inviolabilidad del domicilio.

68. a) De los derechos y deberes fundamentales.

69. d) Al Parlamento de Galicia.

70. b) En Plenos y en Comisiones, y se reunirá en sesiones ordinarias y extraordinarias.

71. c) El Presidente del Parlamento.

72. b) El artículo 151.

73. a) Ley Orgánica 1/1981, de 6 de abril.

74. a) Pueblo.

75. b) 4 años.

76. a) Un Título Preliminar, 5 títulos más.

77. b) En el artículo 2.

78. d) La organización territorial del Estado.

79. d) Todas son correctas.

80. d) Tanto una norma estatal, como una norma autonómica.

81. c) 57 artículos.

82. c) Son correctas a) y b).

83. d) Todas son ciertas.

84. d) Todas son ciertas.

El municipio: concepto y elementos: Territorio y población. Organización. Competencias. El régimen de organización de los municipios de gran población: ámbito de aplicación. Organización y funcionamiento de los órganos municipales necesarios. Real Decreto Legislativo 2/2004, de 5 de marzo, por lo que se aprueba el Texto refundido lea Ley reguladora de las Haciendas Locales: Recursos de las haciendas locales: Enumeración. Imposición y ordenación de los tributos locales. Tasas. Precios públicos

1. Los elementos del Municipio son:

a) El territorio, la población y la financiación.
b) El territorio, las instituciones y la organización.
c) La organización, la autonomía y el territorio.
d) La población, la organización y el territorio.

2. Según el Reglamento de Población y Demarcación Territorial de las Entidades Locales el término municipal es:

a) El territorio en que el Ayuntamiento ejerce su jurisdicción.
b) El territorio en que el Ayuntamiento ejerce sus competencias.
c) El territorio en que el Ayuntamiento ejerce su política.
d) Las respuestas b) y c) son correctas.

3. De acuerdo con lo dispuesto en la Ley de Bases de Régimen Local:

a) La creación de nuevos municipios solo podrá realizarse sobre la base de núcleos de población territorialmente diferenciados, de al menos 25.000 habitantes.
b) La creación de nuevos municipios solo podrá realizarse sobre la base de núcleos de población territorialmente diferenciados, de al menos 4.000 habitantes.
c) La creación de nuevos municipios solo podrá realizarse sobre la base de núcleos de población territorialmente diferenciados, de al menos 3.000 habitantes.
d) La creación de nuevos municipios solo podrá realizarse sobre la base de núcleos de población territorialmente diferenciados, de al menos 250.000 habitantes.

4. ¿La alteración de términos municipales podrá suponer la modificación de los límites provinciales?

a) Solo en casos excepcionales.
b) En ningún caso.
c) Cuando concurran los requisitos establecidos en la ley.
d) Sí.

5. En los casos de fusión de municipios:

a) El nuevo municipio se subrogará en todos los derechos y obligaciones de los anteriores municipios.
b) El nuevo municipio resultante de la fusión no podrá segregarse hasta transcurridos cien años.
c) El órgano del gobierno del nuevo municipio resultante estará constituido transitoriamente por la suma de los concejales de los municipios fusionados.
d) Las respuestas a) y c) son correctas.

6. Son derechos y deberes de los vecinos:

a) Contribuir mediante la aportación de sus bienes inmuebles a la realización de las competencias municipales.
b) Exigir la prestación y, en su caso, el establecimiento del correspondiente servicio público, en el supuesto de constituir una competencia municipal propia aunque no sea de carácter obligatorio.
c) Acceder a los aprovechamientos comunales.
d) Ejercer la iniciativa individual en los términos previstos en el art. 70 bis de la Ley de Bases de Régimen Local.

7. La inscripción de los extranjeros en el Padrón municipal:

a) Constituirá prueba de su residencia legal en España.
b) Iniciará el expediente de adquisición de la nacionalidad española.
c) No les atribuirá ningún derecho que no les confiera la legislación vigente.
d) Permitirá obtener un permiso de trabajo.

8. El padrón municipal es:

a) La base de datos donde constan los nombres de los vecinos.
b) El registro administrativo donde solo constan los domicilios de los vecinos.
c) El registro administrativo donde constan los vecinos de un municipio.
d) El registro administrativo donde solo constan los domicilios de los extranjeros del municipio.

9. La inscripción en el Padrón municipal contendrá como obligatorios los siguientes datos:

a) Las matrículas de los vehículos de los vecinos.
b) El número de identificación de los aparatos tecnológicos existentes en cada casa.
c) Los ascendientes que habitan en cada casa.
d) Ninguna de las respuestas es correcta.

10. Quien viva en varios Municipios:

a) Deberá inscribirse únicamente en el Padrón municipal del municipio en el que habite durante más tiempo al año.
b) Deberá inscribirse únicamente en el Padrón municipal del municipio en el que tenga su lugar de trabajo.
c) Deberá inscribirse únicamente en el Padrón municipal del municipio en el que haya nacido.
d) Deberá inscribirse en el Padrón municipal de todos los municipios.

11. ¿Existe Padrón de españoles residentes en el extranjero?

a) Sí.
b) No.
c) Sí, y su formación se realizará por la Administración General del Estado.
d) Solo para aquellos que se encuentren en la Unión Europea.

12. Funcionan en régimen de Concejo Abierto:

a) Los municipios de menos de 200 habitantes.
b) Los municipios de menos de 300 habitantes.
c) Los municipios de menos de 500 habitantes.
d) Los municipios que tradicional y voluntariamente cuenten con ese singular régimen de gobierno y administración.

13. La personalidad jurídica de los Municipios, según la Constitución Española, es:

a) Propia.
b) Plena.
c) Reconocida por el Ente que los crea.
d) Dependiente de su autonomía.

14. La pertenencia de un Municipio a dos Provincias:

a) Se admite excepcionalmente.
b) Ha de estar prevista en norma con rango de ley.
c) Está prohibida en nuestro ordenamiento jurídico.
d) Las respuestas a) y b) son ciertas.

15. La división del término municipal en distritos, barrios, etc., es competencia del/de la:

a) Instituto Geográfico Nacional.
b) Diputación Provincial.
c) Ayuntamiento respectivo.
d) Comunidad Autónoma.

16. Para ser vecino de un Municipio:

a) Hay que estar empadronado como tal en él.
b) Basta con la residencia habitual en el mismo.
c) No es necesario ser mayor de edad.
d) Debe saberse leer y escribir.

17. En el Padrón no debe constar respecto de un vecino su:

a) Sexo.
b) Domicilio habitual.
c) Lugar de nacimiento.
d) Debe figurar todo lo anterior.

18. El Consejo de Empadronamiento está adscrito al/a la:

a) Presidencia del Gobierno de la Nación.
b) Ministerio del Interior.
c) Ministerio de Economía, Comercio y Empresa.
d) Ministerio de la Presidencia, Justicia y Relaciones con las Cortes.

19. La confección del Padrón de españoles residentes en el extranjero es competencia del/de la:

a) Ayuntamiento de su último domicilio en España.
b) Comunidad Autónoma donde hubieren nacido.
c) Administración General del Estado.
d) Embajada o Consulado español en el país en que residan.

20. Las directrices e instrucciones técnicas para la formación, mantenimiento y rectificación del Padrón corresponde emanarlas al/a la:

a) Propio Ayuntamiento Pleno.
b) Administración General del Estado.
c) Comunidad Autónoma.
d) Alcalde.

21. La organización municipal responde a las siguientes reglas:

a) El Alcalde, los Tenientes de Alcalde y el Pleno existen en todos los Ayuntamientos.
b) El Alcalde, la Junta de Gobierno y el Pleno existen en todos los Ayuntamientos.
c) El Alcalde y el Pleno existen en todos los Ayuntamientos.
d) El Alcalde y la Junta de Gobierno existen en todos los Ayuntamientos.

22. La Comisión Especial de Cuentas:

a) Existe en todos los municipios.
b) Existe en los municipios en que así se acuerde.
c) Existe en los municipios de más de 1000 habitantes.
d) Ninguna de las respuestas es correcta.

23. De acuerdo con la Ley Orgánica de Régimen Electoral será proclamado alcalde electo:

a) El Concejal que haya obtenido la mayoría simple de los votos de los concejales.
b) El Concejal que encabece la lista que haya obtenido mayor número de votos populares.
c) El Concejal que haya obtenido la mayoría absoluta de los votos de los concejales.
d) El Concejal que haya ganado el sorteo.

24. Los alcaldes tendrán tratamiento de:

a) Ilustrísima en los municipios de Madrid y Barcelona.
b) Excelencia en los municipios que sean capitales de provincia.
c) Señoría en los municipios que no sean capitales de provincia ni las ciudades de Madrid y Barcelona.
d) Ilustrísima en todos los municipios.

25. La cuestión de confianza a la que podrá ser sometido el Alcalde se puede vincular a:

a) La aprobación o modificación de los Presupuestos anuales.
b) La aprobación o modificación del Reglamento Orgánico.
c) La aprobación o modificación de las Ordenanzas Fiscales.
d) Todas las respuestas son verdaderas.

26. No es una atribución del Alcalde:

a) Aprobar la oferta de empleo público.
b) La aprobación del reglamento orgánico y de las ordenanzas.
c) Dictar Bandos.
d) Ejercer la jefatura de la Policía Municipal.

27. Es una atribución del Pleno del Ayuntamiento:

a) La alteración de la calificación jurídica de los bienes de dominio público.
b) La aprobación inicial de las leyes.
c) Desempeñar la jefatura superior de todo el personal.
d) Ordenar la publicación, ejecución y hacer cumplir los acuerdos del Ayuntamiento.

28. La Junta de Gobierno Local se integra por el Alcalde y un número de Concejales:

a) No superior al tercio del número legal de los mismos.
b) No superior a la mitad del número legal de los mismos.
c) No superior a dos tercios del número legal de los mismos.
d) Ninguna de las respuestas es correcta.

29. El régimen peculiar para los Municipios de gran población será aplicable:

a) A los municipios que sean capitales autonómicas.
b) A los municipios cuya población supere los 50.000 habitantes.
c) A los municipios cuya población supere los 150.000 habitantes.
d) Las respuestas a) y b) son correctas.

30. En los municipios de gran población corresponde a la Junta de Gobierno:

a) La aprobación y modificación de las ordenanzas y reglamentos municipales.
b) La aprobación del proyecto de presupuesto.
c) Los acuerdos relativos a la participación en organizaciones supramunicipales.
d) Dictar bandos, decretos e instrucciones.

31. En los municipios de gran población tendrán la consideración de órganos directivos:

a) El Alcalde.
b) El titular de la asesoría jurídica.
c) Los miembros de la Junta de Gobierno Local.
d) Las respuestas a) y c) son correctas.

32. En los municipios de gran población para la defensa de los derechos de los vecinos ante la Administración municipal el Pleno creará:

a) Un órgano de gestión económico-financiera.
b) Una Comisión especial de Sugerencias y Reclamaciones.
c) Un órgano para la resolución de las reclamaciones económico-administrativas.
d) Un órgano de gestión tributaria.

33. En los municipios de gran población el dictamen sobre los proyectos de ordenanzas fiscales corresponderá a:

a) Un órgano de gestión económico-financiera.
b) Una Comisión especial de Sugerencias y Reclamaciones.
c) Un órgano para la resolución de las reclamaciones económico-administrativas.
d) Un órgano de gestión tributaria.

34. El Municipio no ejercerá como competencia propia:

a) Tráfico, estacionamiento de vehículos y movilidad.
b) Abastecimiento de agua potable a domicilio.
c) Administración de Justicia.
d) Cementerios y actividades funerarias.

35. El servicio de transporte colectivo urbano de viajeros deberá prestarse en todo caso:

a) En los Municipios con población superior a 5.000 habitantes.
b) En todos los Municipios.
c) En los Municipios con población superior a 50.000 habitantes.
d) En los Municipios con población superior a 20.000 habitantes.

36. El servicio de prevención y extinción de incendios deberá prestarse en todo caso:

a) En los Municipios con población superior a 50.000 habitantes.
b) En los Municipios con población superior a 5.000 habitantes.
c) En los Municipios con población superior a 20.000 habitantes.
d) En todos los Municipios.

37. El servicio de recogida de residuos deberá prestarse en todo caso:

a) En los Municipios con población superior a 20.000 habitantes.
b) En los Municipios con población superior a 5.000 habitantes.
c) En todos los Municipios.
d) En los Municipios con población superior a 50.000 habitantes.

38. Según nuestra Constitución, los Concejales no son elegidos por sufragio:

a) Universal.
b) Igual.
c) Paritario.
d) Libre.

39. La organización municipal complementaria que establezca una Comunidad Autónoma con carácter general, respecto a los Municipios de la misma:

a) Se aplica preferentemente a la establecida con tal carácter por el Estado.
b) Se aplica preferentemente a la establecida por el Reglamento Orgánico de cada Municipio.
c) Se aplica después de la del Estado y la del Reglamento Orgánico.
d) Las respuestas a) y b) son ciertas.

40. La elección de un Alcalde, tras unas elecciones locales, se efectúa:

a) Directamente en las elecciones locales.
b) En sesión extraordinaria al efecto.
c) En la sesión constitutiva de la Corporación.
d) Por los vecinos exclusivamente.

41. La destitución del Presidente de una Corporación Local se efectúa a través de la:

a) Renuncia.
b) Cuestión de confianza.
c) Moción de censura.
d) Las respuestas b) y c) son ciertas.

42. ¿Se puede presentar más de una moción de censura contra el mismo Presidente de una Entidad Local?

a) Sí, cuando prospere una de ellas.
b) Solo en distintos períodos de sesiones.
c) Depende del Reglamento Orgánico de la Entidad.
d) Nada de lo expuesto es cierto.

43. En una moción de censura contra un Presidente de una Entidad Local, puede ser candidato:

a) Los cabezas de lista.
b) Los portavoces de los Grupos Políticos.
c) Cualquier Concejal cuya aceptación expresa conste en el escrito de proposición de la moción.
d) Ninguno de los anteriores.

44. En el caso de que la cuestión de confianza planteada por un Alcalde no obtuviera el número necesario de votos favorables para la aprobación del acuerdo:

a) Quedan cesados todos sus miembros.
b) El Alcalde cesará automáticamente, quedando en funciones hasta la toma de posesión de quien hubiere de sucederle en el cargo.

c) Se nombra como tal al primer Teniente de Alcalde.
d) Se hace una nueva sesión constitutiva, tras la celebración de elecciones.

45. La convocatoria de consultas populares debe autorizarla el/la:

a) Gobierno de la Nación.
b) Presidente de la Corporación.
c) Comunidad Autónoma.
d) Ninguno de ellos.

46. La denominada competencia residual, en virtud de la cual se le atribuyen aquellas competencias que no estén expresamente asignadas a otro órgano, la tiene en un Ayuntamiento el/la/las:

a) Pleno.
b) Comisiones Informativas.
c) Presidente.
d) Junta de Gobierno Local.

47. Las cuestiones que se susciten entre Municipios sobre deslinde de sus términos municipales serán resueltas por:

a) La correspondiente Comunidad Autónoma.
b) El Gobierno de España.
c) Las Diputaciones Provinciales.
d) El Consejo de Estado.

48. El voto de calidad del Presidente de una Corporación Local:

a) Inclina la votación al sector en el que él haya votado, en caso de empate producido en la reunión de un órgano colegiado.
b) Da fe del resultado de la votación.
c) Significa que es muy importante quien emite el voto.
d) Provoca la irrecurribilidad del acuerdo adoptado.

49. La aprobación del proyecto de presupuesto en un Municipio de gran población es competencia del/de la:

a) Presidente.
b) Junta de Gobierno Local.
c) Pleno.
d) Comunidad Autónoma.

50. La delegación de competencias de un Alcalde:

a) Se efectúa por acuerdo de Pleno.
b) Se reviste formalmente en forma de Decreto de dicho Pleno.

c) Se puede dar en todo tipo de materias.
d) Nada de lo anterior es correcto.

51. Los nombramientos de funcionarios en los Ayuntamientos de Municipios de régimen común corresponden al/a la:

a) Pleno.
b) Junta de Gobierno Local.
c) Presidente.
d) Delegado de Personal.

52. La aprobación de las formas de gestión de los servicios públicos en los Ayuntamientos de Municipios de régimen común corresponde genuinamente al/a la:

a) Pleno.
b) Presidente.
c) Junta de Gobierno Local.
d) Comunidad Autónoma respectiva.

53. En un Municipio de 7.000 habitantes, ¿cuántos Concejales habrá de elegirse para su Ayuntamiento?

a) Siete.
b) Diez.
c) Trece.
d) Quince.

54. La representación del Ayuntamiento compete al/a la/a los:

a) Alcalde.
b) Pleno.
c) Junta de Gobierno Local.
d) Tenientes de Alcalde en su ámbito competencial respectivo.

55. La Relación de Puestos de un Ayuntamiento de un Municipio de gran población la aprueba el/la:

a) Junta de Personal.
b) Pleno.
c) Alcalde.
d) Junta de Gobierno Local.

56. Conceder gratificaciones al personal en Ayuntamientos de Municipios de régimen común es competencia del/de la:

a) Pleno.
b) Presidente.

c) Junta de Gobierno Local.
d) Junta de Personal.

57. El ejercicio normal de acciones judiciales compete en un Municipio de gran población al/a la/a los:

a) Presidente.
b) Pleno.
c) Junta de Gobierno Local.
d) Anteriores, en las materias de sus respectivas competencias.

58. Señala cuál de los siguientes puede ser una forma de organización descon-centrada del Municipio, para la administración de núcleos de población separados, sin personalidad jurídica:

a) Parroquia.
b) Pedanía.
c) Aldea.
d) Todos los anteriores pueden serlo.

59. La Junta de Gobierno Local de un Ayuntamiento de Municipio de régimen común tiene, además del Presidente, los siguientes miembros como máximo:

a) Diez.
b) Depende del número de habitantes.
c) Dos tercios del de la Corporación.
d) Un tercio de estos.

60. Los Concejales-Delegados se nombran por el/la:

a) Presidente.
b) Pleno.
c) Grupo Político.
d) Junta de Gobierno Local.

61. Las Entidades locales podrán establecer tasas por el siguiente supuesto de utilización privativa o aprovechamiento especial del dominio público local:

a) Otorgamiento de licencias.
b) Autorización para utilizar en placas el escudo de la Entidad local.
c) Guardería rural.
d) Entradas de vehículos a través de las aceras.

62. Las Entidades locales podrán establecer tasas por prestación de servicios o de rea-lización de actividades administrativas de competencia local en el siguiente supuesto:

a) Recogida de residuos sólidos urbanos.
b) Portadas, escaparates y vitrinas.

c) Instalación de quioscos en la vía pública.
d) Instalación de puestos y casetas de venta.

63. No podrán exigirse tasas por el servicio siguiente:

a) Servicios de alcantarillado.
b) Celebración de los matrimonios en forma civil.
c) Limpieza de la vía pública.
d) Inspección de vehículos.

64. El importe de las tasas por la prestación de un servicio:

a) No podrá exceder del coste real del servicio.
b) No podrá exceder del coste previsible del servicio.
c) No podrá exceder, en cualquier caso, del valor de la prestación recibida.
d) Todas las respuestas son correctas.

65. Las tasas podrán devengarse:

a) Cuando se presente la solicitud que de por finalizada la actuación.
b) Cuando se inicie el uso privativo.
c) Cuando finalice la prestación del servicio.
d) Cuando termine el aprovechamiento especial.

66. En las contribuciones especiales no se considerará sujeto pasivo en su condición de persona especialmente beneficiada por la realización de las obras o por el establecimiento o ampliación de los servicios locales:

a) En las contribuciones especiales por el establecimiento de los servicios de extinción de incendios el Servicio municipal de Protección contra Incendios.
b) En las contribuciones especiales por construcción de galerías subterráneas, las empresas suministradoras que deban utilizarlas.
c) En las contribuciones especiales por el establecimiento de los servicios de extinción de incendios las compañías de seguros que desarrollen su actividad en el ramo, en el término municipal correspondiente.
d) En las contribuciones especiales por realización de obras que afecten a bienes inmuebles, sus propietarios.

67. Respecto a las contribuciones especiales no integra el coste que la Entidad Local soporte por la realización de las obras o por el establecimiento o ampliación de los servicios:

a) El importe de las obras a realizar.
b) El coste de la publicidad de las obras.
c) El coste real de los trabajos periciales.
d) Las indemnizaciones procedentes por el derribo de construcciones.

68. Respecto a las contribuciones especiales, el acuerdo de ordenación:

a) Podrá no dictarse.
b) Será de inexcusable adopción.
c) Es ejecutivo.
d) Ha de publicarse en el BOE.

69. No se puede exigir Tasas:

a) Por la expedición de una Licencia de Obras.
b) Por la vigilancia pública en general.
c) Por prestación de un servicio de recepción obligatoria.
d) En ninguno de los supuestos anteriores.

70. Tienen la condición de sustitutos del contribuyente en las Tasas por prestación del Servicio de Extinción de Incendios el/las:

a) Propietario del inmueble incendiado.
b) Inquilino del mismo.
c) Entidades o sociedades aseguradoras del riesgo.
d) Cualquiera de los anteriores.

71. En las Tasas por razón de servicios que beneficien a los ocupantes de viviendas o locales, los propietarios de dichos inmuebles:

a) Pueden repercutirlas sobre los mismos.
b) Han de pagarlas proporcionalmente con ellos.
c) Son los únicos responsables de su pago.
d) Son los directamente responsables, actuando dichos ocupantes como sustitutos suyos.

72. Un factor que se puede tener en cuenta al determinar la cuantía de las Tasas es:

a) Genéricamente, la capacidad económica de los sujetos obligados.
b) Individualmente, dicha capacidad económica.
c) El coste del servicio, excluidos los gastos de carácter financiero.
d) La inclusión en ella de los gastos financieros sufragados por Contribuciones Especiales.

73. En las Contribuciones Especiales por construcción de galerías subterráneas se consideran especialmente beneficiadas a efectos de la exigencia de las mismas los/las:

a) Propietarios de los edificios bajo cuyo suelo se ubiquen.
b) Empresas aseguradoras.
c) Empresas suministradoras que deban utilizarlas.
d) Consumidores finales de los servicios de que se trate.

74. El fraccionamiento en el pago de las Contribuciones Especiales:

a) No está permitido.
b) Es obligatorio para la Corporación.
c) No debe exceder de cinco años.
d) No excederá de diez años.

75. La colaboración ciudadana en materia de Contribuciones Especiales está prevista a través de:

a) Asociaciones administrativas de consumidores.
b) Asociaciones administrativas de contribuyentes.
c) Organizaciones de empresas favorecidas por los servicios.
d) Cualquiera de las tres formas anteriores.

76. La obtención por el sujeto pasivo de un beneficio o de un aumento de valor de sus bienes como consecuencia de la realización de obras públicas o del establecimiento o ampliación de servicios públicos, de carácter local, por las Entidades respectivas, constituye el hecho imponible de:

a) Las Tasas.
b) Los Precios Públicos.
c) Las Contribuciones especiales.
d) Los Impuestos.

77. La fijación de los precios públicos puede delegarse, en un Municipio de régimen común, por el:

a) Alcalde en el Pleno.
b) Pleno en la Junta de Gobierno Local.
c) Pleno en el Alcalde.
d) Pleno en una empresa.

78. Señale cuál de los siguientes no es un recurso de las hacienda de las entidades locales, según el artículo 2 del TR-LRHL:

a) Las subvenciones.
b) El producto de las operaciones de crédito.
c) Las participaciones en los tributos de otras Entidades Locales.
d) El producto de las multas y sanciones en el ámbito de sus competencias.

79. Las prestaciones patrimoniales que establezcan las Entidades locales por la utilización privativa o el aprovechamiento especial del dominio público local, se consideran:

a) Impuestos.
b) Tasas.

c) Precios públicos.
d) Contribuciones especiales.

80. La obtención por el sujeto pasivo de un beneficio o de un aumento de valor de sus bienes como consecuencia de la realización de obras públicas o del establecimiento o ampliación de servicios públicos, de carácter local, por las Entidades respectivas, constituye el hecho imponible de:

a) Las tasas.
b) Los precios públicos.
c) El Impuesto sobre el Incremento de Valor de Bienes Inmuebles.
d) Las contribuciones especiales.

81. Señale la opción incorrecta. No podrán exigirse tasas por los servicios siguientes:

a) Asistencias y estancias en hogares y residencias de ancianos, guarderías infantiles, albergues y otros establecimientos de naturaleza análoga.
b) Enseñanza en los niveles de educación obligatoria.
c) Limpieza de la vía pública.
d) Vigilancia pública en general.

82. Los Ayuntamientos podrán establecer para la celebración de los matrimonios en forma civil:

a) Una tasa.
b) Un precio público.
c) Un impuesto ordinario.
d) Un impuesto especial.

Solución al test n.º 2

1. d) La población, la organización y el territorio.

2. b) El territorio en que el Ayuntamiento ejerce sus competencias.

3. b) La creación de nuevos municipios solo podrá realizarse sobre la base de núcleos de población territorialmente diferenciados, de al menos 4.000 habitantes.

4. b) En ningún caso.

5. d) Las respuestas a) y c) son correctas.

6. c) Acceder a los aprovechamientos comunales.

7. c) No les atribuirá ningún derecho que no les confiera la legislación vigente.

8. c) El registro administrativo donde constan los vecinos de un municipio.

9. d) Ninguna de las respuestas es correcta.

10. a) Deberá inscribirse únicamente en el Padrón municipal del municipio en el que habite durante más tiempo al año.

11. c) Sí, y su formación se realizará por la Administración General del Estado.

12. d) Los municipios que tradicional y voluntariamente cuenten con ese singular régimen de gobierno y administración.

13. b) Plena.

14. c) Está prohibida en nuestro ordenamiento jurídico.

15. c) Ayuntamiento respectivo.

16. a) Hay que estar empadronado como tal en él.

17. d) Debe figurar todo lo anterior.

18. c) Ministerio de Economía, Comercio y Empresa

19. c) Administración General del Estado.

20. b) Administración General del Estado.

21. a) El Alcalde, los Tenientes de Alcalde y el Pleno existen en todos los Ayuntamientos.

22. a) Existe en todos los municipios.

23. c) El Concejal que haya obtenido la mayoría absoluta de los votos de los concejales.

24. c) Señoría en los municipios que no sean capitales de provincia ni las ciudades de Madrid y Barcelona.

25. d) Todas las respuestas son verdaderas.

26. b) La aprobación del reglamento orgánico y de las ordenanzas.

27. a) La alteración de la calificación jurídica de los bienes de dominio público.

28. a) No superior al tercio del número legal de los mismos.

29. a) A los municipios que sean capitales autonómicas.

30. b) La aprobación del proyecto de presupuesto.

31. b) El titular de la asesoría jurídica.

32. b) Una Comisión especial de Sugerencias y Reclamaciones.

33. c) Un órgano para la resolución de las reclamaciones económico-administrativas.

34. c) Administración de Justicia.

35. c) En los Municipios con población superior a 50.000 habitantes.

36. c) En los Municipios con población superior a 20.000 habitantes.

37. c) En todos los Municipios.

38. c) Paritario.

39. b) Se aplica preferentemente a la establecida por el Reglamento Orgánico de cada Municipio.

40. c) En la sesión constitutiva de la Corporación.

41. d) Las respuestas b) y c) son ciertas.

42. d) Nada de lo expuesto es cierto.

43. c) Cualquier Concejal cuya aceptación expresa conste en el escrito de proposición de la moción.

44. b) El Alcalde cesará automáticamente, quedando en funciones hasta la toma de posesión de quien hubiere de sucederle en el cargo.

45. a) Gobierno de la Nación.

46. c) Presidente.

47. a) La correspondiente Comunidad Autónoma.

48. a) Inclina la votación al sector en el que él haya votado, en caso de empate producido en la reunión de un órgano colegiado.

49. b) Junta de Gobierno Local.

50. d) Nada de lo anterior es correcto.

51. c) Presidente.

52. a) Pleno.

53. c) Trece.

54. a) Alcalde.

55. d) Junta de Gobierno Local.

56. b) Presidente.

57. d) Anteriores, en las materias de sus respectivas competencias.

58. d) Todos los anteriores pueden serlo.

59. d) Un tercio de estos.

60. a) Presidente.

61. d) Entradas de vehículos a través de las aceras.

62. a) Recogida de residuos sólidos urbanos.

63. c) Limpieza de la vía pública.

64. d) Todas las respuestas son correctas .

65. b) Cuando se inicie el uso privativo.

66. a) En las contribuciones especiales por el establecimiento de los servicios de extinción de incendios el Servicio municipal de Protección contra Incendios.

67. b) El coste de la publicidad de las obras.

68. b) Será de inexcusable adopción.

69. b) Por la vigilancia pública en general.

70. c) Entidades o sociedades aseguradoras del riesgo.

71. a) Pueden repercutirlas sobre los mismos.

72. a) Genéricamente, la capacidad económica de los sujetos obligados.

73. c) Empresas suministradoras que deban utilizarlas.

74. c) No debe exceder de cinco años.

75. b) Asociaciones administrativas de contribuyentes.

76. c) Las Contribuciones especiales.

77. b) Pleno en la Junta de Gobierno Local.

78. c) Las participaciones en los tributos de otras Entidades Locales.

79. b) Tasas.

80. d) Las contribuciones especiales.

81. a) Asistencias y estancias en hogares y residencias de ancianos, guarderías infantiles, albergues y otros establecimientos de naturaleza análoga.

82. a) Una tasa.

Ley 39/2015, de 1 de octubre, del procedimiento administrativo común de las Administraciones Públicas. Disposiciones generales. De los interesados en el procedimiento. De la actividad de las Administraciones Públicas. La revisión de actos en vía administrativa: revisión de oficio. Recursos administrativos

1. Las solicitudes, escritos y comunicaciones que los ciudadanos dirijan a los órganos de las Administraciones Públicas podrán presentarse:

a) En las empresas de mensajería, en la forma que legalmente se establezca.

b) En las representaciones diplomáticas u oficinas consulares de España en el extranjero.

c) En los registros de cualquier órgano administrativo que pertenezca a la Administración General del Estado, a la de cualquier Administración de las Comunidades Autónomas, o a la de alguna de las Entidades que integran la Administración Local hubiese o no suscrito Convenio.

d) Todas las respuestas son correctas.

2. A partir de cuándo se contarán los plazos expresados en días:

a) Desde el siguiente a aquel en que se produzca la estimación o la desestimación por silencio administrativo.

b) A partir del día siguiente a aquel en que tenga lugar la notificación o publicación del acto de que se trate.

c) Desde el mismo día en que tenga lugar la notificación o publicación del acto de que se trate.

d) Las respuestas a y b son correctas.

3. Señala la respuesta incorrecta respecto al cómputo de plazos:

a) Cuando los plazos se hayan señalado por días naturales por declararlo así una ley o por el Derecho de la Unión Europea, se hará constar esta circunstancia en las correspondientes notificaciones.

b) Cuando el último día del plazo sea inhábil, se entenderá prorrogado al primer día hábil siguiente.

c) Cuando un día fuese hábil en el municipio o Comunidad Autónoma en que residie-se el interesado, e inhábil en la sede del órgano administrativo, o a la inversa, se considerará hábil en todo caso.

d) Salvo que por Ley o en el Derecho de la Unión Europea se disponga otro cómputo, cuando los plazos se señalen por horas, se entiende que estas son hábiles.

4. El registro electrónico permitirá la presentación de documentos:

a) De lunes a viernes de 8 a 20 horas.
b) De lunes a viernes las veinticuatro horas.
c) Todos los días del año de 8 a 22 horas.
d) Todos los días del año durante las veinticuatro horas.

5. En cuál de los siguientes casos se podrá aplicar la ampliación de los plazos por el tiempo máximo permitido:

a) En los procedimientos tramitados por las misiones diplomáticas y oficinas consulares.
b) En los procedimientos que exijan cumplimentar algún trámite en el extranjero.
c) En los procedimientos en los que intervengan interesados residentes fuera de España.
d) Todas las respuestas son correctas.

6. Qué recurso cabe contra el acuerdo que declare la aplicación de la tramitación de urgencia al procedimiento:

a) Ninguno.
b) Recurso de alzada.
c) Recurso extraordinario de revisión.
d) Recurso de reposición.

7. En qué caso no se puede acordar la aplicación al procedimiento de la tramitación de urgencia, por la cual se reducen a la mitad los plazos establecidos para el procedimiento ordinario:

a) En la presentación de recursos.
b) En la presentación de solicitudes.
c) Las respuestas a y b son correctas.
d) En todos los casos, cuando haya un interés público, se pueden reducir los plazos a la mitad.

8. Señala cuál de los siguientes es un procedimiento especial:

a) El procedimiento sancionador.
b) El procedimiento sobre la responsabilidad patrimonial de las Administraciones Públicas.

c) El procedimiento sobre la iniciativa legislativa y la potestad para dictar reglamentos y otras disposiciones.

d) Todas las respuestas son correctas.

9. Salvo que por Ley o en el Derecho de la Unión Europea se disponga otro cómputo, cuando los plazos se señalen por horas:

a) Se entiende que estas son naturales.

b) Se entiende que son hábiles.

c) No cabe el caso de que los plazos se señalen por horas, sino únicamente por días.

d) Ninguna es correcta.

10. Los plazos expresados en horas:

a) No podrán tener una duración superior a veinticuatro horas.

b) No podrán tener una duración superior a doce horas.

c) Tendrá que establecer un máximo de 48 horas.

d) Tendrán una duración mínima de 6 horas.

11. Si el plazo se fija en meses o años, no es correcto:

a) Estos se computarán a partir del día siguiente a aquel en que tenga lugar la notificación o publicación del acto de que se trate.

b) Estos se computarán desde el siguiente a aquel en que se produzca la estimación o desestimación por silencio administrativo.

c) Estos se computarán desde el mismo día en que se produzca la estimación o desestimación por silencio administrativo.

d) Todas son correctas.

12. ¿Qué ocurre si en el mes de vencimiento no hubiera día equivalente a aquel en que comienza el cómputo?

a) Se entenderá que el plazo expira el último día del mes.

b) Se entenderá prorrogado al primer día natural siguiente.

c) Se entenderá que el plazo expira el día 30 del mes.

d) Ninguna es correcta.

13. ¿Qué ocurre si el último día del plazo es inhábil?

a) Se entenderá prorrogado al primer día siguiente, sea hábil o natural.

b) Se entenderá prorrogado al primer día hábil siguiente.

c) Se busca nueva fecha a instancia del interesado.

d) Ninguna es correcta.

14. Cuando un día fuese hábil en el municipio o Comunidad Autónoma en que residiese el interesado, e inhábil en la sede del órgano administrativo, o a la inversa:

a) Se considera hábil en todo caso.
b) Se considera inhábil en todo caso.
c) Se procurará buscar fecha para que coincidan ambos días como hábiles.
d) Ninguna es correcta.

15. ¿Cuándo se pueden presentar documentos?

a) De lunes a viernes en horario de oficina.
b) Todos los días del año excepto 25 de diciembre, 1 de enero y 1 de mayo.
c) Todos los días del año durante las 24 horas.
d) De lunes a sábado de 8.00h a 15.00 h.

16. La presentación de un documento en día inhábil:

a) Se entenderá realizada a lo largo del día del primer día hábil siguiente.
b) Siempre se permite la recepción del documento en día inhábil.
c) Se entenderá realizada en la primera hora del primer día hábil siguiente salvo que una norma permita expresamente la recepción en día inhábil.
d) Ninguna es correcta.

17. ¿Puede en algún caso la Administración ampliar los plazos establecidos?

a) No, en ningún caso.
b) Sí, siempre que no exceda de la mitad de los mismos y las circunstancias lo aconsejan y con ello no se perjudican derechos de tercero.
c) Sí, no siendo necesario ser notificado a los interesados.
d) Sí, solo de oficio.

18. La ampliación de los plazos por el tiempo máximo permitido se aplicará en todo caso:

a) A los procedimientos tramitados por las misiones diplomáticas y oficinas consulares.
b) A los procedimientos que, sustanciándose en el interior, exijan cumplimentar algún trámite en el extranjero.
c) A los procedimientos en los que intervengan interesados residentes fuera de España.
d) Todas son correctas.

19. Señala la respuesta correcta:

a) Un plazo ya vencido puede ser objeto de ampliación.
b) Tanto la petición de los interesados como la decisión sobre la ampliación deberán producirse, en todo caso, después del vencimiento del plazo de que se trate.

c) Los acuerdos sobre ampliación de plazos o sobre su denegación serán susceptibles de recurso.

d) Ninguna es correcta.

20. En caso de urgencia:

a) Se reducirán a la mitad los plazos establecidos para el procedimiento ordinario incluidos los relativos a la presentación de solicitudes y recursos.

b) Se podrá acordar la reducción de plazos únicamente a petición del interesado.

c) Se reducirán a la mitad los plazos establecidos para el procedimiento ordinario, salvo los relativos a la presentación de solicitudes y recursos.

d) Ninguna es correcta.

21. Cuando las normas reguladoras de los procedimientos no fijen plazo máximo para recibir la notificación, este será de:

a) Dos meses.

b) Tres meses.

c) Seis meses.

d) Cinco meses.

22. El plazo máximo en el que debe notificarse la resolución expresa será el fijado por la norma reguladora del correspondiente procedimiento. Este plazo no podrá exceder de:

a) Tres meses salvo que una norma con rango de Ley establezca uno mayor o así venga previsto en la normativa comunitaria europea.

b) Dos meses salvo que una norma con rango de Ley establezca uno mayor o así venga previsto en la normativa comunitaria europea.

c) Cinco meses salvo que una norma con rango de Ley establezca uno mayor o así venga previsto en la normativa comunitaria europea.

d) Seis meses salvo que una norma con rango de Ley establezca uno mayor o así venga previsto en la normativa comunitaria europea.

23. ¿Cómo se denomina al administrado que se encuentra respecto de la Administración en un estado de sujeción especial, es decir, especialmente vinculado a ella?

a) Administrado cualificado.

b) Administrado especial.

c) Administrado único.

d) Administrado activo.

24. ¿Cómo se denomina al administrado que se encuentra respecto de la Administración en un estado de sujeción general y que es tratado por la norma de una forma impersonal, siendo esta la posición normal?

a) Administrado general.
b) Administrado común.
c) Administrado simple.
d) Administrado pasivo.

25. ¿Cuál de las siguientes no es una característica de la relación jurídico-administrativa?

a) La Administración actúa normalmente como parte activa de la relación, es decir, ejercita en ella las potestades y prerrogativas que el ordenamiento jurídico le reconoce para el cumplimiento de sus fines.
b) La Administración ha de intervenir en tal relación como tal, y no como persona de Derecho Privado.
c) Esta relación está regulada por el Derecho Administrativo y el Derecho Civil.
d) Presencia en ella de la Administración, como sujeto de la relación, normalmente en el lado activo de la misma, junto al Administrado, que suele situarse en el lado pasivo.

26. Señala uno de los derechos que la Ley 39/2015, de 1 de octubre, del Procedimiento Administrativo Común de las Administraciones Públicas, reconoce a quienes tengan capacidad de obrar ante las Administraciones Públicas:

a) A la obtención y utilización de los medios de identificación y firma electrónica contemplados en la Ley 39/2015, de 1 de octubre.
b) A la protección de datos de carácter personal, y en particular a la seguridad y confidencialidad de los datos que figuren en los ficheros, sistemas y aplicaciones de las Administraciones Públicas.
c) A ser asistidos en el uso de medios electrónicos en sus relaciones con las Administraciones Públicas.
d) Todas las respuestas son correctas.

27. La solicitud de copias auténticas de los documentos públicos administrativos que hayan sido válidamente emitidos por las Administraciones Públicas se dirigirá al órgano que emitió el documento original, debiendo expedirse, salvo las excepciones derivadas de la aplicación de la Ley 19/2013, de 9 de diciembre, en el plazo de:

a) Un mes a contar desde la recepción de la solicitud en el registro electrónico de la Administración u Organismo competente.
b) Veinte días a contar desde la recepción de la solicitud en el registro electrónico de la Administración u Organismo competente.

c) Quince días a contar desde la recepción de la solicitud en el registro electrónico de la Administración u Organismo competente.

d) Diez días a contar desde la recepción de la solicitud en el registro electrónico de la Administración u Organismo competente.

28. La falta o insuficiente acreditación de la representación no impedirá que se tenga por realizado el acto de que se trate, siempre que se aporte aquella o se subsane el defecto dentro del plazo que deberá conceder al efecto el órgano administrativo, de:

a) Un mes, o de un plazo superior cuando las circunstancias del caso así lo requieran.
b) Veinte días, o de un plazo superior cuando las circunstancias del caso así lo requieran.
c) Quince días, o de un plazo superior cuando las circunstancias del caso así lo requieran.
d) Diez días, o de un plazo superior cuando las circunstancias del caso así lo requieran.

29. Los poderes inscritos en el registro electrónico de apoderamiento tendrán una validez determinada máxima de:

a) Diez años a contar desde la fecha de inscripción.
b) Cinco años a contar desde la fecha de inscripción.
c) Tres años a contar desde la fecha de inscripción.
d) Dos años a contar desde la fecha de inscripción.

30. Señala la respuesta incorrecta respecto a los interesados:

a) Se consideran interesados en el procedimiento administrativo los que, sin haber iniciado el procedimiento, tengan derechos que puedan resultar afectados por la decisión que en el mismo se adopte.

b) Cuando en una solicitud, escrito o comunicación figuren varios interesados, las actuaciones a que den lugar se efectuarán con el representante o el interesado que expresamente hayan señalado, y, en su defecto, con cualquiera de los demás.

c) Cuando la condición de interesado derivase de alguna relación jurídica transmisible, el derecho-habiente sucederá en tal condición cualquiera que sea el estado del procedimiento.

d) La presentación de una denuncia y la comparecencia en el trámite de información pública, respectivamente, no confieren u otorgan, por sí solas, la condición de interesado en el procedimiento.

31. La *reformatio in peius*, en materia de recursos:

a) Se admite como regla general.
b) Solo se permite en materia sancionadora.
c) Se admite cuando el recurso está claramente infundado.
d) Está expresamente prohibida.

32. Cuando hayan de tenerse en cuenta nuevos hechos o documentos no recogidos en el expediente originario, se pondrán de manifiesto a los interesados para que formulen las alegaciones que estimen procedentes, en un plazo:

a) No inferior a diez días ni superior a quince.
b) De veinte días.
c) No inferior a cinco días ni superior a veinte.
d) De treinta días.

33. La resolución de un recurso:

a) Debe circunscribirse a lo solicitado por el recurrente.
b) Resolverá cuantas cuestiones se deduzcan del expediente.
c) No es necesario que se motive.
d) Debe aceptar las razones en que se fundamente el propio recurso.

34. El recurso de alzada contra actos que no agotan la vía administrativa es:

a) Extraordinario.
b) La regla general.
c) Especial.
d) Inexistente.

35. El recurso de reposición contra actos que no agotan la vía administrativa es:

a) Ordinario.
b) Extraordinario.
c) Especial.
d) Inexistente.

36. Se han reinstaurado las reclamaciones económico-administrativas, como recurso administrativo propio, en los/las:

a) Corporaciones Locales en general.
b) Municipios de régimen común.
c) Municipios de gran población.
d) Diputaciones Provinciales cuando gestionen los tributos de los Municipios de la Provincia.

37. Para plantear un recurso administrativo:

a) Hay que tener capacidad jurídica, sin requerirse la capacidad de obrar.
b) Basta con la capacidad de obrar.
c) Se requiere, siempre, ser titular de un derecho subjetivo afectado por el acto que se recurre.
d) Puede hacerlo quien ostente la condición de interesado.

38. Se puede sustituir en determinados supuestos por procedimientos de mediación y arbitraje el:

a) Recurso de alzada.
b) Recurso de revisión.
c) Recurso de reposición.
d) Las respuestas a) y c) son ciertas.

39. Cuando una persona interpone un recurso de alzada denominándolo como recurso de revisión:

a) Deberá desestimarse el recurso por improcedente.
b) Deberá notificársele el error para que lo subsane.
c) No se admitirá el recurso.
d) Deberá resolverse, si del propio recurso se deduce su carácter.

40. Como consecuencia del principio de congruencia, al resolver un recurso, la Administración Pública:

a) Podrá agravar la situación inicial del recurrente.
b) Deberá ajustarse a las peticiones del recurrente.
c) Lo desestimará, manteniendo el acto administrativo.
d) Solo decidirá sobre las cuestiones planteadas por el recurrente sin entrar en otras que deriven del procedimiento.

41. Pone fin a la vía administrativa un acto de un Director General de un Ministerio en la siguiente materia en la que tenga competencia:

a) Cualquier materia.
b) Una materia que esté descentralizada.
c) De personal.
d) En ningún caso sus actos ponen fin a esta vía administrativa.

42. El recurso de revisión es:

a) Unitario.
b) Ordinario.
c) Especial.
d) Extraordinario.

43. El recurso de alzada contra actos que no agotan la vía administrativa es:

a) Extraordinario.
b) La regla general.
c) Especial.
d) Inexistente.

44. El recurso de alzada se presentará:

a) Ante el superior jerárquico del órgano que dictó el acto.
b) Ante el Tribunal contencioso competente.
c) Ante el órgano que dictó el acto.
d) Indistintamente, ante el órgano que dictó el acto o el superior jerárquico que deba decidirlo.

45. La resolución presunta del recurso de alzada se dará, si no recae resolución, al/a los:

a) Quince días de interponerlo.
b) Mes de su interposición.
c) Tres meses desu interposición.
d) En cualquier momento a partir del día siguiente a aquel en que, de acuerdo con su normativa específica, se produzcan los efectos del silencio administrativo.

46. El silencio administrativo en el recurso de alzada puede ser positivo en el siguiente caso:

a) Cuando el recurso se presentó contra un acto presunto desestimatorio de la solicitud del ciudadano.
b) Cuando perjudique al ciudadano.
c) Siempre que beneficie al interés público.
d) En ningún supuesto es positivo.

47. Contra los actos dictados por un Tribunal de Oposiciones:

a) No cabe recurso alguno.
b) Puede presentarse recurso de alzada ante su Presidente.
c) El recurso de alzada debe entablarse ante la autoridad que nombró al Presidente.
d) Solo es posible el recurso de revisión.

48. Si el acto fuera expreso, el plazo para la interposición del recurso de reposición será de:

a) Tres meses.
b) Diez días.
c) Quince días.
d) Un mes.

49. El recurso extraordinario de revisión se interpone contra:

a) Cualquier acto administrativo.
b) Actos que no agotan la vía administrativa.

c) Los actos que agotan la vía administrativa.
d) Los actos firmes exclusivamente.

50. La terminación presunta del recurso extraordinario de revisión se dará:

a) A los tres meses de su interposición.
b) Al mes de su interposición.
c) No cabe.
d) Solo en el supuesto de que se base en manifiesto error de derecho.

51. El recurso extraordinario de revisión por manifiesto error de hecho debe plantearse:

a) A los tres meses desde que se produjo.
b) A los cuatro años desde que se conoció.
c) Dentro de los cuatro años desde la notificación del acto.
d) No puede darse nunca aisladamente.

52. No es motivo bastante para interponer un recurso de revisión que:

a) Se haya incurrido en manifiesto error de hecho al dictar el acto.
b) Hubiere mediado cohecho en la resolución.
c) Se haya dictado por órgano manifiestamente incompetente.
d) Hayan influido documentos declarados falsos por sentencia judicial firme.

Solución al test n.º 3

1. b) En las representaciones diplomáticas u oficinas consulares de España en el extranjero.

2. d) Las respuestas a y b son correctas.

3. c) Cuando un día fuese hábil en el municipio o Comunidad Autónoma en que residiese el interesado, e inhábil en la sede del órgano administrativo, o a la inversa, se considerará hábil en todo caso.

4. d) Todos los días del año durante las veinticuatro horas.

5. d) Todas las respuestas son correctas.

6. a) Ninguno.

7. c) Las respuestas a y b son correctas.

8. d) Todas las respuestas son correctas.

9. b) Se entiende que son hábiles.

10. a) No podrán tener una duración superior a veinticuatro horas.

11. c) Estos se computarán desde el mismo día en que se produzca la estimación o desestimación por silencio administrativo.

12. a) Se entenderá que el plazo expira el último día del mes.

13. b) Se entenderá prorrogado al primer día hábil siguiente.

14. b) Se considera inhábil en todo caso.

15. c) Todos los días del año durante las 24 horas.

16. c) Se entenderá realizada en la primera hora del primer día hábil siguiente salvo que una norma permita expresamente la recepción en día inhábil.

17. b) Sí, siempre que no exceda de la mitad de los mismos y las circunstancias lo aconsejan y con ello no se perjudican derechos de tercero.

18. d) Todas son correctas.

19. d) Ninguna es correcta.

20. c) Se reducirán a la mitad los plazos establecidos para el procedimiento ordinario, salvo los relativos a la presentación de solicitudes y recursos.

21. b) Tres meses.

22. d) Seis meses salvo que una norma con rango de Ley establezca uno mayor o así venga previsto en la normativa comunitaria europea.

23. a) Administrado cualificado.

24. c) Administrado simple.

25. c) Esta relación está regulada por el Derecho Administrativo y el Derecho Civil.

26. d) Todas las respuestas son correctas.

27. c) Quince días a contar desde la recepción de la solicitud en el registro electrónico de la Administración u Organismo competente.

28. d) Diez días, o de un plazo superior cuando las circunstancias del caso así lo requieran.

29. b) Cinco años a contar desde la fecha de inscripción.

30. b) Cuando en una solicitud, escrito o comunicación figuren varios interesados, las actuaciones a que den lugar se efectuarán con el representante o el interesado que expresamente hayan señalado, y, en su defecto, con cualquiera de los demás.

31. d) Está expresamente prohibida.

32. a) No inferior a diez días ni superior a quince

33. b) Resolverá cuantas cuestiones se deduzcan del expediente.

34. b) La regla general.

35. d) Inexistente.

36. c) Municipios de gran población.

37. d) Puede hacerlo quien ostente la condición de interesado.

38. d) Las respuestas a) y c) son ciertas.

39. d) Deberá resolverse, si del propio recurso se deduce su carácter.

40. b) Deberá ajustarse a las peticiones del recurrente.

41. c) De personal.

42. d) Extraordinario.

43. b) La regla general.

44. d) Indistintamente, ante el órgano que dictó el acto o el superior jerárquico que deba decidirlo.

45. c) Tres meses de su interposición.

46. a) Cuando el recurso se presentó contra un acto presunto desestimatorio de la solicitud del ciudadano.

47. c) El recurso de alzada debe presentarse ante la autoridad que nombró al Presidente.

48. d) Un mes.

49. d) Los actos firmes exclusivamente.

50. a) A los tres meses de su interposición.

51. c) Dentro de los cuatro años desde la notificación del acto.

52. c) Se haya dictado por órgano manifiestamente incompetente.

TEST N.º 4

Ley 7/2023, de 30 de noviembre, para la igualdad efectiva de hombres y mujeres de Galicia. Título I: Derecho la Igualdad entre mujeres y hombres

1. Según su artículo 1.1, el objeto de la *Ley 7/2023, de 30 de noviembre, para la igualdad efectiva de mujeres y hombres de Galicia*, es:

a) Actuar contra la violencia que, como manifestación de la discriminación, la situación de desigualdad y las relaciones de poder de los hombres sobre las mujeres, se ejerce sobre éstas por parte de quienes sean o hayan sido sus cónyuges o de quienes estén o hayan estado ligados a ellas por relaciones similares de afectividad, aun sin convivencia.

b) Hacer efectivo el derecho de igualdad de trato y oportunidades entre mujeres y hombres para, en el desarrollo de los artículos 9.2 y 14 de la Constitución y 4 del Estatuto de Autonomía para Galicia, seguir avanzando hacia una sociedad más democrática, más justa y más solidaria.

c) Regular los derechos y deberes de las personas físicas y jurídicas, tanto públicas como privadas, previendo medidas destinadas a eliminar y corregir en los sectores público y privado de la Comunidad Autónoma de Galicia, toda forma de discriminación por razón de sexo.

d) Reforzar el compromiso de la Comunidad Autónoma de Galicia con la eliminación de la discriminación de las mujeres y con la promoción de la igualdad entre mujeres y hombres.

2. Según el artículo 1.2.b) de la Ley 7/2023, es objeto en particular de esta ley, integrar la perspectiva de género en el diseño y desarrollo de las políticas públicas de la competencia de la Administración general de la Comunidad Autónoma de Galicia y de su sector público, de forma:

a) Sostenible.
b) Transversal.
c) Colaborativa.
d) Efectiva.

3. Según el artículo 2 de la Ley 7/2023, la igualdad de trato y de oportunidades entre mujeres y hombres:

a) Es un deber de las Administraciones Públicas gallegas.
b) Es una fuente formal del Derecho autonómico.

c) Es un principio informador del ordenamiento jurídico autonómico.
d) Es un objetivo fundamental del procedimiento administrativo en Galicia.

4. Señala la opción incorrecta. Según el artículo 4.1 de la Ley 7/2023, el principio de igualdad de trato entre mujeres y hombres implica la prohibición de toda discriminación, directa o indirecta, por razón de sexo, y especialmente, las derivadas de:

a) La maternidad.
b) La tendencia sexual.
c) La asunción de obligaciones familiares.
d) El estado civil.

5. Según el artículo 4.2 de la Ley 7/2023, la situación en que se encuentra una persona que sea, haya sido o pudiera ser tratada, en atención a su sexo, de manera menos favorable que otra en situación comparable, se considera:

a) Discriminación directa.
b) Acoso sexual.
c) Discriminación indirecta.
d) Violencia de género.

6. En virtud del artículo 4.3 de la Ley 7/2023, la situación en que una disposición, criterio o práctica aparentemente neutros pone a personas de un sexo en desventaja particular con respecto a personas del otro:

a) En cualquier caso constituirá discriminación directa.
b) En cualquier caso constituirá discriminación indirecta.
c) No se considera discriminación indirecta si dicha disposición, criterio o práctica pueden justificarse objetivamente en atención a una finalidad legítima y los medios para alcanzar dicha finalidad son necesarios y adecuados.
d) En ningún caso podrá considerarse discriminación.

7. Según el artículo 5.1 de la Ley 7/2023, en el ámbito de acceso al empleo, incluida la formación correspondiente, no constituye discriminación por razón de sexo la diferencia de trato en base a una característica relacionada con el sexo de una persona cuando, debido a la naturaleza de las actividades profesionales concretas o al contexto en que se lleven a cabo, dicha característica constituya un requisito profesional esencial y determinante, siempre y cuando su objetivo sea legítimo y el requisito sea:

a) Proporcionado.
b) Inequívoco.
c) Justo.
d) Mesurable.

8. Según el artículo 7 de la Ley 7/2023, todo trato desfavorable a las mujeres relacionado con el embarazo o la maternidad constituye:

a) Acoso sexual.
b) Acoso por razón de sexo.
c) Discriminación directa por razón de sexo.
d) Discriminación indirecta por razón de sexo.

9. ¿Cómo denomina el artículo 10 de la Ley 7/2023 a la discriminación por razón de sexo que se funda, por parte del sujeto discriminador, en una apreciación incorrecta del embarazo, la maternidad, las obligaciones familiares o el estado civil de la persona víctima?

a) Discriminación sexista prejuiciosa.
b) Discriminación sexista machista.
c) Discriminación sexista por error.
d) Discriminación sexista por asociación.

10. Siguiendo el artículo 11 de la Ley 7/2023, ¿cuándo se produce discriminación sexista interseccional?

a) Cuando, junto al sexo, concurren o interactúan otra u otras causas de discriminación, generando una forma específica de discriminación.
b) Cuando se sufre por razón del sexo, el embarazo, el parto o la maternidad, de la asunción de obligaciones familiares o del estado civil de otra persona con la que se estuviera relacionado.
c) Cuando una persona es discriminada de manera simultánea o consecutiva por razón de sexo y por otra u otras causas de discriminación.
d) Cuando la recibe el hombre por razón de su paternidad.

11. En virtud del artículo 12 de la Ley 7/2023, cualquier trato adverso o efecto negativo que se produzca en una persona como consecuencia de la presentación por su parte de queja, reclamación, denuncia, demanda o recurso, de cualquier tipo, destinados a impedir su discriminación y a exigir el cumplimiento efectivo del principio de igualdad de trato entre mujeres y hombres, se considerará:

a) Discriminación directa.
b) Discriminación por razón de sexo.
c) Injustificado.
d) Acoso sexual.

12. Según establece el artículo 13 de la Ley 7/2023, con el fin de hacer efectivo el derecho constitucional de la igualdad, los Poderes Públicos de Galicia adoptarán medidas específicas en favor de las mujeres para corregir situaciones patentes de desigualdad de hecho respecto de los hombres. Tales medidas, que serán aplicables en tanto subsistan dichas situaciones, habrán de ser en relación con el objetivo perseguido en cada caso razonables y:

a) Justificadas.
b) Autorizadas judicialmente.

c) Transparentes.
d) Proporcionadas.

13. Siguiendo el artículo 16 de la Ley 7/2023, ¿qué palabra falta en la siguiente frase?: "Con arreglo al ejercicio de los derechos de conciliación de la vida personal, familiar y laboral, como manifestación del derecho de las mujeres y hombres a la libre configuración de su tiempo, se promoverá la .... a través del reparto equilibrado entre mujeres y hombres de las obligaciones familiares, las tareas domésticas y el cuidado de personas dependientes mediante la individualización de los derechos y el fomento de su asunción por parte de los hombres y la prohibición de discriminación basada en su libre ejercicio por parte de estos".

a) Corresponsabilidad.
b) Equiparación.
c) Alternancia.
d) Cooperación.

14. Según dispone el artículo 17 de la Ley 7/2023, a través de la promoción de la igualdad de oportunidades entre mujeres y hombres, se buscará que la igualdad y libertad de las personas, con independencia de su sexo y de los estereotipos de género, sean reales y:

a) Equiparables.
b) Efectivas.
c) Frecuentes.
d) Permanentes.

15. A efectos de la Ley 7/2023, al conjunto de construcciones sociales, educativas y culturales de los roles, rasgos de la personalidad, actitudes, actividades, comportamientos, valores, apariencia externa, imagen o expectativas sociales que se asocian o atribuyen de forma diferencial en una determinada sociedad a mujeres y hombres, se le entenderá como:

a) Sexo.
b) Sexismo.
c) Género.
d) Estereotipo.

16. En aplicación del principio de transversalidad de la dimensión de género, la Administración general de la Comunidad Autónoma de Galicia y el sector público autonómico establecen como uno de sus criterios de su actuación y para evitar los efectos negativos sobre los derechos de la mujer, el fomento de la comprensión de la maternidad como:

a) Una función social.
b) Una solución política.

c) Una necesidad existencial.
d) Un don divino.

17. Según el artículo 22.1 de la Ley 7/2023, los proyectos de ley presentados en el Parlamento de Galicia por la Xunta de Galicia se acompañarán de:

a) Un Plan Estratégico de Igualdad de Oportunidades.
b) Una estadística o encuesta que posibilite el conocimiento de las diferencias en los valores, roles, situaciones y condiciones, de mujeres y hombres en el ámbito de acción del proyecto o plan.
c) Un informe periódico sobre el conjunto de sus actuaciones en relación con la efectividad del principio de igualdad entre mujeres y hombres.
d) Un informe sobre su impacto de género.

Solución al test n.º 4

1. d) Reforzar el compromiso de la Comunidad Autónoma de Galicia con la eliminación de la discriminación de las mujeres y con la promoción de la igualdad entre mujeres y hombres.

2. b) Transversal.

3. c) Es un principio informador del ordenamiento jurídico autonómico.

4. b) La tendencia sexual.

5. a) Discriminación directa.

6. c) No se considera discriminación indirecta si dicha disposición, criterio o práctica pueden justificarse objetivamente en atención a una finalidad legítima y los medios para alcanzar dicha finalidad son necesarios y adecuados.

7. a) Proporcionado.

8. c) Discriminación directa por razón de sexo.

9. c) Discriminación sexista por error.

10. a) Cuando, junto al sexo, concurren o interactúan otra u otras causas de discriminación, generando una forma específica de discriminación.

11. b) Discriminación por razón de sexo.

12. d) Proporcionadas.

13. a) Corresponsabilidad.

14. b) Efectivas.

15. c) Género.

16. a) Una función social.

17. d) Un informe sobre su impacto de género.

TEST N.º 5

Ley 31/1995, de 8 de noviembre, de prevención de riesgos laborales. Objeto, ámbito de aplicación y definiciones. Derechos y deberes. Servicios de prevención. Consulta y participación de los trabajadores

1. ¿Cuál es la vigente Ley de Prevención de Riesgos Laborales?

a) Ley 32/1995, de 8 de noviembre.
b) Ley 30/1996, de 8 de noviembre.
c) Ley 31/1995, de 6 de noviembre.
d) Ley 31/1995, de 8 de noviembre.

2. La Ley de Prevención de Riesgos laborales, tiene por objeto:

a) Prevenir los accidentes en general.
b) Evitar riesgos en el recorrido al puesto de trabajo.
c) Promover la seguridad y la salud de los trabajadores.
d) Que cada vez haya menos accidentes de tráfico.

3. ¿Qué se entiende por "riesgo laboral"?

a) La posibilidad de que un trabajador sufra un determinado daño derivado del trabajo.
b) La posibilidad de que un trabajador sufra una enfermedad en el trabajo.
c) La posibilidad de que un trabajador sufra acoso.
d) El riesgo que supone el ir a trabajar.

4. Indica cuál es la definición de prevención:

a) La probabilidad racional de que un riesgo se materialice de forma inminente.
b) El estudio de los procesos potencialmente peligrosos para el trabajo.
c) Conjunto de actividades o medidas adoptadas o previstas en todas las fases de actividad de la empresa con el fin de evitar o disminuir los riesgos derivados del trabajo.
d) Posibilidad de que un trabajador sufra un determinado daño derivado del trabajo.

5. Según establece el art. 4 de la Ley 31/1995, de 8 de noviembre, de Prevención de Riesgos Laborales, se define como daños derivados del trabajo:

a) La posibilidad de que un trabajador sufra un determinado daño derivado del trabajo.
b) El que resulte probable racionalmente que se materialice en un futuro inmediato y pueda suponer y pueda suponer un daño grave para la salud de los trabajadores.
c) Las enfermedades, patologías o lesiones sufridas con motivo u ocasión del trabajo.
d) Cualquier máquina, aparato, instrumento o instalación utilizada en el trabajo.

6. Señale la respuesta incorrecta:

a) La Ley de Prevención de Riesgos Laborales se aplica a los operativos de Seguridad civil en casos de catástrofe.
b) La Ley de Prevención de Riesgos Laborales se aplica a las sociedades cooperativas.
c) En el ámbito de la relación laboral de carácter especial del servicio del hogar familiar, las personas trabajadoras tienen derecho a una protección eficaz en materia de seguridad y salud en el trabajo.
d) En los establecimientos penitenciarios, se adaptarán a la Ley de Prevención de Riesgos Laborales aquellas actividades cuyas características justifiquen una regulación especial.

7. Para calificar un riesgo desde el punto de vista de su gravedad, se valorarán conjuntamente la severidad del daño y:

a) La probabilidad de que se produzca.
b) La cantidad de trabajadores de la empresa.
c) La existencia o no de equipos individuales de protección.
d) Las condiciones de trabajo.

8. El derecho básico reconocido a los trabajadores por la Ley 31/1995, de 8 de noviembre, es:

a) La vigilancia de su estado de salud.
b) Una protección eficaz en materia de seguridad y salud en el trabajo.
c) La formación en materia preventiva.
d) La información, consulta y participación.

9. Entre los principios de la acción preventiva recogidos por el artículo 15 de la Ley de Prevención de Riesgos Laborales, no figura:

a) Evitar los riesgos.
b) Evaluar los riesgos que se puedan evitar.
c) Tener en cuenta la evolución de la técnica.
d) Dar las debidas instrucciones a los trabajadores.

10. En el marco de sus responsabilidades, el empresario realizará la prevención de los riesgos laborales mediante la integración en la empresa de:

a) Los equipos de protección individual.
b) Los Servicios de Prevención propios.

c) La actividad preventiva.
d) La normativa comunitaria.

11. Los instrumentos esenciales para la gestión y aplicación del Plan de prevención de riesgos laborales son:

a) La evaluación de riesgos y la planificación de la actividad preventiva.
b) La evaluación inicial de riesgos y la formación.
c) La planificación y la gestión de la actividad preventiva.
d) La identificación y la evaluación de los riesgos.

12. En relación a la vigilancia de la salud que ha de garantizar el empresario, el acceso a la información médica de carácter personal:

a) Se limitará al empresario y a los Servicios de Prevención propios.
b) Se limitará al Jefe inmediato del trabajador.
c) Sólo será accesible al propio trabajador.
d) Se limitará al personal médico y a las autoridades sanitarias que lleven a cabo la vigilancia.

13. Según la Ley de Prevención de Riesgos Laborales, es obligación de los trabajadores en materia de prevención de riesgos:

a) La protección eficaz en materia de seguridad y salud en el trabajo.
b) Utilizar correctamente los medios y equipos de protección facilitados por el empresario, de acuerdo con las instrucciones recibidas de éste.
c) Soportar el coste de las medidas relativas a la seguridad y la salud en el trabajo.
d) Desarrollar una acción permanente de seguimiento de la actividad preventiva.

14. Cuando los trabajadores estén expuestos a un riesgo grave e inminente con ocasión de su trabajo, y el empresario no adopte o no permita la adopción de las medidas necesarias para garantizar la seguridad y la salud de los trabajadores, la Ley 31/1995, de 8 de noviembre, de Prevención de Riesgos Laborales prevé que:

a) Los trabajadores afectados podrán paralizar la actividad.
b) El órgano de representación del personal instará formalmente al empresario a la adopción de las medidas necesarias.
c) Los Delegados de Prevención lo comunicarán a la autoridad laboral, que adoptará las medidas necesarias.
d) El órgano de representación de personal podrá acordar la paralización de la actividad.

15. El art. 23 de la LPRL establece la documentación que el empresario debe elaborar y conservar a disposición de la autoridad laboral. De las siguientes no está incluido:

a) El Plan de prevención de riesgos laborales.
b) Evaluación de los riesgos para la seguridad y la salud en el trabajo.

c) La planificación de la actividad laboral.

d) La relación de accidentes de trabajo y enfermedades profesionales que hayan causado al trabajador una incapacidad laboral superior a un día de trabajo.

16. El posible cambio de puesto de trabajo con riesgo para una trabajadora embarazada:

a) Deberá realizarse en caso de imposibilidad de adaptación del propio puesto.

b) Se hará previo informe en tal sentido del Servicio de Prevención.

c) Se determinará por el empresario, y dará información a los representantes de los trabajadores.

d) Se extenderá al período de lactancia.

17. ¿Cuándo se deben utilizar los equipos de protección individual?

a) Siempre.

b) Cuando los riesgos no hayan sido evaluados.

c) Cuando los riesgos no se puedan evitar o no puedan limitarse.

d) Cuando el trabajador lo estime oportuno.

18. Las trabajadoras embarazadas ¿tienen derecho a ausentarse del trabajo para la realización de exámenes prenatales y técnicas de preparación al parto?

a) Sí, con derecho a remuneración, previo aviso al empresario y justificación de la necesidad de su realización dentro de la jornada de trabajo.

b) Sí, con derecho a remuneración, sin necesidad de avisar al empresario ni justificar la necesidad de su realización dentro de la jornada de trabajo.

c) Sí, sin derecho a remuneración, previo aviso al empresario y justificación de la necesidad de su realización dentro de la jornada de trabajo.

d) No, en ningún caso.

19. En las empresas de hasta 30 trabajadores el Delegado de Prevención será:

a) El propio empresario.

b) El trabajador más antiguo.

c) El trabajador de mayor cualificación.

d) El delegado de personal.

20. Según la Ley de Prevención de Riesgos Laborales, se constituirá un Comité de Seguridad y Salud en todas las empresas o centros de trabajo que cuenten con:

a) 30 o más trabajadores.

b) 50 o más trabajadores.

c) 75 o más trabajadores.

d) 100 o más trabajadores.

21. El órgano paritario y colegiado de participación destinado a la consulta regular y periódica de las actuaciones de la empresa en materia de prevención de riesgos, es:

a) El Comité de Empresa.
b) El Consejo de Vigilancia de la Prevención.
c) La Comisión de Evaluación de Riesgos Laborales.
d) El Comité de Seguridad y Salud.

22. Conforme al artículo 38 de la Ley 31/1995, el Comité de Seguridad y Salud se reunirá al menos:

a) Quincenalmente.
b) Mensualmente.
c) Trimestralmente.
d) Semestralmente.

23. A efectos de determinar el número de Delegados de Prevención se tendrá en cuenta que, se computarán como trabajadores fijos de plantilla los trabajadores vinculados por contratos de duración determinada superior a:

a) 6 meses.
b) Un año.
c) Dos años.
d) Cuatro años.

24. A efectos de determinar el número de Delegados de Prevención se tendrá en cuenta que, los contratados por término de hasta un año se computarán según el número de días trabajados en el período de un año anterior a la designación. Se computarán como un trabajador más:

a) Cada 3 meses de trabajo o fracción.
b) Cada 6 meses de trabajo o fracción.
c) Cada cien días de trabajo o fracción.
d) Cada doscientos días de trabajo o fracción.

Solución al test n.º 5

1. d) Ley 31/1995, de 8 de noviembre.

2. c) Promover la seguridad y la salud de los trabajadores.

3. a) La posibilidad de que un trabajador sufra un determinado daño derivado del trabajo.

4. c) Conjunto de actividades o medidas adoptadas o previstas en todas las fases de actividad de la empresa con el fin de evitar o disminuir los riesgos derivados del trabajo.

5. c) Las enfermedades, patologías o lesiones sufridas con motivo u ocasión del trabajo.

6. a) La Ley de Prevención de Riesgos Laborales se aplica a los operativos de Seguridad civil en casos de catástrofe.

7. a) La probabilidad de que se produzca.

8. b) Una protección eficaz en materia de seguridad y salud en el trabajo.

9. b) Evaluar los riesgos que se puedan evitar.

10. c) La actividad preventiva.

11. a) La evaluación de riesgos y la planificación de la actividad preventiva.

12. d) Se limitará al personal médico y a las autoridades sanitarias que lleven a cabo la vigilancia.

13. b) Utilizar correctamente los medios y equipos de protección facilitados por el empresario, de acuerdo con las instrucciones recibidas de éste.

14. d) El órgano de representación de personal podrá acordar la paralización de la actividad.

15. c) La planificación de la actividad laboral.

16. a) Deberá realizarse en caso de imposibilidad de adaptación del propio puesto.

17. c) Cuando los riesgos no se puedan evitar o no puedan limitarse.

18. a) Sí, con derecho a remuneración, previo aviso al empresario y justificación de la necesidad de su realización dentro de la jornada de trabajo.

19. d) El delegado de personal.

20. b) 50 o más trabajadores.

21. d) El Comité de Seguridad y Salud.

22. d) Semestralmente.

23. b) Un año.

24. d) Cada doscientos días de trabajo o fracción.

Test Parte Específica

TEST N.º 1

Ley 2/2015, de 29 de abril, del empleo público de Galicia. Título I: Objeto y ámbito de aplicación. Título III: Clases de personal

1. El personal directivo estará sujeto a evaluación periódica conforme a los criterios de eficacia y eficiencia, responsabilidad por su gestión y control de resultados con relación a los objetivos que le hayan sido fijados. Indica que determinará el resultado de esta evaluación:

a) La continuidad en el puesto que se desempeñe y, en su caso, en la condición de personal directivo.
b) La progresión en la carrera directiva profesional.
c) En su caso, la cuantía de la parte variable de la retribución del personal directivo.
d) Todas son correctas.

2. La Ley 2/2015 tiene por objeto:

a) La regulación del régimen jurídico de la función pública gallega y la determinación de las normas aplicables a todo el personal al servicio de las administraciones públicas incluidas en su ámbito de aplicación, en ejercicio de las competencias atribuidas a la Comunidad Autónoma de Galicia en su Estatuto de autonomía y en desarrollo del Estatuto básico del empleado público.
b) La regulación del régimen general de la función pública gallega y la determinación de las normas aplicables a todo el personal al servicio de las administraciones públicas incluidas en su ámbito de aplicación, en ejercicio de las competencias atribuidas a la Comunidad Autónoma de Galicia en su Estatuto de autonomía y en desarrollo del Estatuto básico del empleado público.
c) La regulación del régimen jurídico de la función pública gallega y la determinación de las normas aplicables a todo el personal al servicio de las administraciones privadas incluidas en su ámbito de aplicación, en ejercicio de las competencias atribuidas a la Comunidad Autónoma de Galicia en su Estatuto de autonomía y en desarrollo del Estatuto básico del empleado público.
d) La regulación del régimen jurídico de la función pública gallega y la determinación de las normas aplicables a todo el personal al servicio de las administraciones públicas incluidas en su ámbito de aplicación, en ejercicio de las competencias atribuidas a la Comunidad Autónoma de Galicia en su Estatuto de autonomía y en desarrollo del Estatuto básico del empleado privado.

3. El Título III de la Ley 2/2015 se ocupa de las clases de personal, distinguiendo entre los empleados públicos y el personal directivo. Este título se divide en cuántos capítulos:

a) 1.
b) 2.
c) 3.
d) 4.

4. El Título III de la Ley 2/2015 se ocupa de las clases de personal, distinguiendo entre los empleados públicos y el personal directivo. Este título se regula a través de los artículos:

a) 20 a 36.
b) 21 a 36.
c) 20 a 37.
d) 19 a 36.

5. Con la finalidad de satisfacer los intereses generales, la Comunidad Autónoma de Galicia tiene atribuida:

a) La potestad de autoorganización, que la faculta, de acuerdo con el ordenamiento jurídico, para estructurar, establecer el régimen jurídico y dirigir y fijar los objetivos de la función pública gallega.

b) La potestad de organización, que la faculta, de acuerdo con el ordenamiento jurídico, para estructurar, establecer el régimen jurídico y dirigir y fijar los objetivos de la función pública gallega.

c) La potestad de autoorganización, que la faculta, de acuerdo con el ordenamiento jurídico, para estructurar, establecer el régimen jurídico y dirigir y fijar los objetivos de la función privada gallega.

d) La potestad de autoorganización, que la faculta, de acuerdo con el ordenamiento jurídico, para estructurar, establecer el régimen jurídico y dirigir y fijar los objetivos de la función pública local.

6. La Ley 2/2015 se aplica al personal funcionario y, en lo que proceda, al personal laboral al servicio de qué administraciones públicas:

a) La Administración general de la Comunidad Autónoma de Galicia.
b) Las entidades locales gallegas.
c) Las entidades públicas instrumentales vinculadas o dependientes de las entidades locales gallegas.
d) Todas son correctas.

7. Son empleados públicos:

a) Las personas que desempeñan funciones precarias al servicio de los intereses generales en las administraciones públicas.

b) Las personas que desempeñan funciones retribuidas al servicio de los intereses generales en las administraciones públicas.

c) Las personas que desempeñan funciones retribuidas al servicio de los intereses particulares en las administraciones públicas.

d) Las personas que desempeñan funciones retribuidas al servicio de los intereses generales en las administraciones privadas.

8. Indica cuáles son las clases de empleados públicos:

a) Personal funcionario de carrera y personal funcionario interino.
b) Personal laboral.
c) Personal eventual.
d) Todas son correctas.

9. Tienen la condición de personal funcionario de carrera:

a) Las personas que, en virtud de nombramiento legal, están vinculadas a la Administración pública por una relación estatutaria regulada por el derecho administrativo para el desempeño de servicios profesionales retribuidos de carácter permanente.

b) Las personas que, en virtud de nombramiento consuetudinario, están vinculadas a la Administración pública por una relación estatutaria regulada por el derecho administrativo para el desempeño de servicios profesionales retribuidos de carácter permanente.

c) Las personas que, en virtud de nombramiento legal, están vinculadas a la Administración privada por una relación estatutaria regulada por el derecho administrativo para el desempeño de servicios profesionales retribuidos de carácter permanente.

d) Las personas que, en virtud de nombramiento legal, están vinculadas a la Administración pública por una relación estatutaria regulada por el derecho público para el desempeño de servicios profesionales retribuidos de carácter permanente.

10. Tienen la condición de personal funcionario interino:

a) Las personas que, por razones expresamente justificadas de urgencia son nombradas en tal condición para el desempeño de funciones propias del personal funcionario de carrera.

b) Las personas que, por razones expresamente justificadas de necesidad y urgencia, son nombradas en tal condición para el desempeño de funciones propias del personal funcionario de carrera.

c) Las personas que, por razones expresamente justificadas de necesidad son nombradas en tal condición para el desempeño de funciones propias del personal funcionario de carrera.

d) Las personas que, por razones expresamente justificadas de necesidad y urgencia, son nombradas en tal condición para el desempeño de funciones parciales del personal funcionario de carrera.

11. Corresponde exclusivamente al personal funcionario:

a) El ejercicio de las funciones que impliquen participación directa o indirecta en el ejercicio de potestades públicas o en la salvaguarda de los intereses generales de las administraciones públicas.

b) El ejercicio de las funciones que impliquen participación directa en el ejercicio de potestades públicas o en la salvaguarda de los intereses generales de las administraciones públicas.

c) El ejercicio de las funciones que impliquen participación indirecta en el ejercicio de potestades públicas o en la salvaguarda de los intereses generales de las administraciones públicas.

d) El ejercicio de las funciones que impliquen participación directa o indirecta en el ejercicio de potestades privadas o en la salvaguarda de los intereses generales de las administraciones públicas.

12. Indica qué reservaran las relaciones de puestos de trabajo necesariamente al personal funcionario:

a) Los puestos que tengan atribuidas funciones que impliquen la realización de tareas de contabilidad y tesorería.

b) Los puestos que tengan atribuidas funciones que impliquen la realización de tareas en materia de exacción de tributos.

c) Los puestos que tengan atribuidas funciones de inscripción, anotación y cancelación de datos en los registros administrativos.

d) Todas son correctas.

13. Tienen la condición de personal laboral:

a) Las personas que, en virtud de contrato de trabajo formalizado por escrito, en cualquiera de las modalidades de contratación de personal previstas en la legislación laboral, prestan servicios retribuidos en las administraciones públicas incluidas en el ámbito de aplicación de la Ley 2/20015.

b) Las personas que, en virtud de contrato de trabajo formalizado por escrito, en cualquiera de las modalidades de contratación de personal previstas en la legislación laboral, prestan servicios retribuidos en las administraciones públicas incluidas en el ámbito de aplicación de la Ley 3/20015.

c) Las personas que, en virtud de contrato de trabajo formalizado por escrito, en cualquiera de las modalidades de contratación de personal previstas en la legislación laboral, prestan servicios retribuidos en las administraciones públicas incluidas en el ámbito de aplicación de la Ley 4/20015.

d) Las personas que, en virtud de contrato de trabajo formalizado por escrito, en cualquiera de las modalidades de contratación de personal previstas en la legislación laboral, prestan servicios retribuidos en las administraciones públicas incluidas en el ámbito de aplicación de la Ley 5/20015.

14. En función del régimen de duración del contrato el personal laboral puede ser:

a) Fijo.
b) Temporal.
c) Indefinido.
d) Todas son correctas.

15. Tienen la condición de personal eventual:

a) Las personas que, en virtud de nombramiento y con carácter no permanente, solo realizan funciones expresamente calificadas como de confianza o asesoramiento especial, retribuidas con cargo a los créditos presupuestarios consignados para este fin.

b) Las personas que, en virtud de nombramiento y con carácter permanente, solo realizan funciones expresamente calificadas como de confianza o asesoramiento especial, retribuidas con cargo a los créditos presupuestarios consignados para este fin.

c) Las personas que, en virtud de nombramiento y con carácter no permanente, solo realizan funciones expresamente calificadas como de confianza, retribuidas con cargo a los créditos presupuestarios consignados para este fin.

d) Las personas que, en virtud de nombramiento y con carácter no permanente, solo realizan funciones expresamente calificadas como de asesoramiento especial, retribuidas con cargo a los créditos presupuestarios consignados para este fin.

16. Indica qué se entiende por funciones de confianza o asesoramiento especial:

a) Asesoramiento vinculado al desempeño y planteamiento de estrategias y propuestas de actuación o difusión en el ámbito de las competencias de la autoridad que efectuó el nombramiento, o apoyo que suponga una colaboración de carácter reservado.

b) No estar reservadas a personal funcionario.

c) Especial dedicación y disponibilidad horaria.

d) Todas son correctas.

17. El personal eventual:

a) En ningún caso puede realizar actividades ordinarias de gestión o de carácter técnico ni ninguna de las funciones que corresponden al personal funcionario profesional.

b) En ningún caso puede realizar actividades ordinarias de gestión o de carácter técnico ni ninguna de las funciones que corresponden al personal funcionario de carrera.

c) Puede realizar actividades ordinarias de gestión o de carácter técnico de las funciones que corresponden al personal funcionario de carrera.

d) En ningún caso puede realizar actividades ordinarias de gestión ni ninguna de las funciones que corresponden al personal funcionario de carrera.

18. Para que pueda procederse al nombramiento de personal funcionario interino tienen que concurrir determinadas circunstancias, indica cuál de ellas:

a) La existencia de puestos vacantes, con dotación presupuestaria, cuando no sea posible su cobertura por personal funcionario de carrera.

b) La sustitución transitoria de las personas titulares de los puestos.

c) La ejecución de programas de carácter temporal y de duración determinada que no respondan a necesidades permanentes de la Administración.

d) Todas son correctas.

19. La selección del personal funcionario interino se realizará mediante procedimientos ágiles que respetarán, en todo caso, los principios de:

a) Igualdad, capacidad, publicidad y libre concurrencia.

b) Igualdad, mérito, publicidad y libre concurrencia.

c) Igualdad, mérito, capacidad, publicidad y libre concurrencia.

d) Igualdad, mérito, capacidad y libre concurrencia.

20. El cese del personal funcionario interino se producirá, además de por las causas que determinan la pérdida de la condición de personal funcionario de carrera, cuando concurra otras circunstancias. Indica cuáles:

a) Finalización de la causa que dio lugar a su nombramiento.

b) Amortización del puesto que ocupe.

c) Adscripción provisional al puesto de personal funcionario de carrera o provisión definitiva del puesto por personal funcionario de carrera.

d) Todas son ciertas.

21. Indica qué puestos pueden ser desempeñados por personal laboral:

a) Los puestos de naturaleza no permanente y aquellos cuyas actividades se dirijan a satisfacer necesidades de carácter periódico y discontinuo.

b) Los puestos cuyas actividades sean propias de oficios.

c) Los puestos correspondientes a áreas de actividad que requieran conocimientos técnicos especializados cuando no existan cuerpos o escalas de personal funcionario en los cuales las personas integrantes tengan la preparación específica necesaria para su desempeño.

d) Todas son ciertas.

22. El nombramiento del personal eventual es:

a) Libre.

b) Condicionado.

c) Reservado.

d) Ninguna es correcta.

23. El cese del personal eventual corresponde a los mismos órganos competentes para su nombramiento e indica cuáles son las causas:

a) Libre decisión de la autoridad que efectuó el nombramiento.

b) Cese de la autoridad que efectuó el nombramiento. En este caso, el cese del personal eventual se produce de forma automática con el cese de dicha autoridad.

c) Renuncia.

d) Todas son correctas.

24. Tienen la condición de personal directivo:

a) Las personas que desarrollan funciones directivas profesionales en las administraciones públicas.

b) Las personas que desarrollan funciones profesionales en las administraciones públicas.

c) Las personas que desarrollan funciones directivas en las administraciones públicas.

d) Las personas que desarrollan funciones directivas profesionales en las administraciones privadas.

25. Indica qué se entiende por funciones directivas:

a) Las tareas gerenciales o de dirección o coordinación de unidades administrativas integradas por el número mínimo de efectivos de personal que se determine reglamentariamente.

b) Las tareas gerenciales o coordinación de unidades administrativas integradas por el número mínimo de efectivos de personal que se determine reglamentariamente.

c) Las tareas gerenciales o de dirección de unidades administrativas integradas por el número mínimo de efectivos de personal que se determine reglamentariamente.

d) Las tareas de dirección o coordinación de unidades administrativas integradas por el número mínimo de efectivos de personal que se determine reglamentariamente.

Solución al test n.º 1

1. d) Todas son correctas.

2. a) La regulación del régimen jurídico de la función pública gallega y la determinación de las normas aplicables a todo el personal al servicio de las administraciones públicas incluidas en su ámbito de aplicación, en ejercicio de las competencias atribuidas a la Comunidad Autónoma de Galicia en su Estatuto de autonomía y en desarrollo del Estatuto básico del empleado público.

3. b) 2.

4. a) 20 a 36.

5. a) La potestad de autoorganización, que la faculta, de acuerdo con el ordenamiento jurídico, para estructurar, establecer el régimen jurídico y dirigir y fijar los objetivos de la función pública gallega.

6. d) Todas son correctas.

7. b) Las personas que desempeñan funciones retribuidas al servicio de los intereses generales en las administraciones públicas.

8. d) Todas son correctas.

9. a) Las personas que, en virtud de nombramiento legal, están vinculadas a la Administración pública por una relación estatutaria regulada por el derecho administrativo para el desempeño de servicios profesionales retribuidos de carácter permanente.

10. b) Las personas que, por razones expresamente justificadas de necesidad y urgencia, son nombradas en tal condición para el desempeño de funciones propias del personal funcionario de carrera.

11. a) El ejercicio de las funciones que impliquen participación directa o indirecta en el ejercicio de potestades públicas o en la salvaguarda de los intereses generales de las administraciones públicas.

12. d) Todas son correctas.

13. a) Las personas que, en virtud de contrato de trabajo formalizado por escrito, en cualquiera de las modalidades de contratación de personal previstas en la legislación laboral, prestan servicios retribuidos en las administraciones públicas incluidas en el ámbito de aplicación de la Ley 2/20015.

14. d) Todas son correctas.

15. a) Las personas que, en virtud de nombramiento y con carácter no permanente, solo realizan funciones expresamente calificadas como de confianza o asesoramiento especial, retribuidas con cargo a los créditos presupuestarios consignados para este fin.

16. d) Todas son correctas.

17. b) En ningún caso puede realizar actividades ordinarias de gestión o de carácter técnico ni ninguna de las funciones que corresponden al personal funcionario de carrera.

18. d) Todas son correctas.

19. c) Igualdad, mérito, capacidad, publicidad y libre concurrencia.

20. d) Todas son ciertas.

21. d) Todas son ciertas.

22. a) Libre.

23. d) Todas son correctas.

24. a) Las personas que desarrollan funciones directivas profesionales en las administraciones públicas.

25. a) Las tareas gerenciales o de dirección o coordinación de unidades administrativas integradas por el número mínimo de efectivos de personal que se determine reglamentariamente.

De los actos administrativos: Requisitos de los actos administrativos. Eficacia de los actos. Nulidad y anulabilidad

Correspondencia: tipos de envíos. Franqueo. Certificados. Justificantes de recepción. Telegramas. Reembolsos. Giros

1. Los actos deben motivarse:

a) Siempre.
b) Nunca.
c) Cuando decidan un procedimiento.
d) Cuando la ley lo prescriba.

2. No tienen por qué motivarse los actos que:

a) Resuelvan recursos.
b) Limiten derechos subjetivos.
c) Se separen del dictamen de órganos consultivos.
d) Todos los anteriores deben motivarse.

3. En la notificación de todo acto administrativo no es necesario que conste siempre:

a) Su texto íntegro.
b) Los recursos que contra el mismo procedan.
c) Los motivos en que se basa la decisión.
d) El plazo de interposición de los recursos.

4. ¿En qué supuestos la notificación se hará por medio de un anuncio publicado en el Boletín Oficial del Estado?

a) Cuando se ignore el lugar de la notificación.
b) Cuando los interesados en un procedimiento sean conocidos.
c) Cuando intentada la notificación, no se hubiera podido practicar.
d) Las respuestas a) y c) son correctas.

5. Para que un acto tenga eficacia retroactiva es necesario que:

a) Limite derechos de los particulares.
b) Restrinja el ejercicio de facultades de los particulares.
c) Imponga deberes u obligaciones.
d) No se lesionen derechos de otras personas.

6. La presunción de legitimidad de los actos administrativos:

a) No admite prueba en contrario.
b) Dependerá de lo que el propio acto establezca.
c) Puede ser objeto de impugnación por el particular.
d) Solo se da cuando la ley expresamente lo diga.

7. Cuando la notificación se practique en el domicilio del interesado, de no hallarse presente, podrá hacerse cargo de la misma cualquier persona que se encuentre en el domicilio, haga constar su identidad y sea:

a) Mayor de catorce años.
b) Mayor de dieciséis años.
c) Mayor de dieciocho años.
d) Mayor de veintiún años.

8. Cuando el Delegado Provincial de una Consejería de una Comunidad Autónoma de una Provincia concreta resuelve un recurso administrativo en materia propia de la Delegación Provincial de otra Consejería de distinta Provincia, incurre en una incompetencia:

a) Funcional y jerárquica.
b) Territorial y jerárquica.
c) Funcional y territorial.
d) Territorial exclusivamente.

9. Cuando el acto administrativo presenta un vicio que no le hace incurrir en nulidad absoluta ni en anulabilidad, se considera:

a) Irregular.
b) Defectuoso.
c) Inválido.
d) Viciado.

10. Cuando la notificación por medios electrónicos sea de carácter obligatorio, se entenderá rechazada cuando:

a) Hayan transcurrido veinte días naturales desde la puesta a disposición de la notificación sin que se acceda a su contenido.
b) Hayan transcurrido diez días naturales desde la puesta a disposición de la notificación sin que se acceda a su contenido.

c) Hayan transcurrido diez días hábiles desde la puesta a disposición de la notificación sin que se acceda a su contenido.

d) Hayan transcurrido veinte días hábiles desde la puesta a disposición de la notificación sin que se acceda a su contenido.

11. Señala la respuesta incorrecta. Los actos administrativos serán objeto de publicación:

a) Cuando así lo establezcan las normas reguladoras de cada procedimiento.

b) Cuando lo aconsejen razones de interés público apreciadas por el órgano competente.

c) Cuando el acto tenga por destinatario a una pluralidad indeterminada de personas.

d) Siempre.

12. La notificación de un acto administrativo:

a) Suspende su eficacia hasta que se efectúe tratándose de actos generales.

b) No impide su ejecutividad una vez efectuada.

c) Suspende su eficacia una vez realizada.

d) Ha de hacerse con todo tipo de actos.

13. Los supuestos de nulidad absoluta de actos administrativos:

a) Son la regla general en nuestro Derecho.

b) Son los recogidos en el artículo 47 de la Ley 39/2015, de 1 de octubre, del Procedimiento Administrativo Común de las Administraciones Públicas, exclusivamente.

c) Pueden establecerse expresamente por una disposición con rango de ley.

d) Son solo los del artículo 47 citado y de otras leyes formales.

14. Los defectos formales en un acto, según reconoce expresamente la ley:

a) Lo vician con nulidad absoluta.

b) Lo vician con anulabilidad en todo caso.

c) Pueden dar lugar a la nulidad absoluta si producen indefensión.

d) Pueden dar lugar a la anulabilidad si producen indefensión.

15. La Administración Pública podrá convalidar un acto:

a) Si el vicio consiste en incompetencia jerárquica.

b) Si el vicio consiste en incompetencia funcional.

c) Si el vicio consiste en incompetencia territorial.

d) En ninguno de los anteriores casos.

16. La Administración Pública no podrá convalidar un acto si el vicio consiste en:

a) Incompetencia jerárquica.

b) La falta de una autorización.

c) Incompetencia funcional.

d) La omisión de un informe facultativo.

17. Señala la respuesta incorrecta. La eficacia del acto administrativo puede cesar definitivamente por:

a) El incumplimiento de la condición resolutoria a que pudiera estar sujeto.
b) El transcurso del plazo señalado en el acto, si estaba limitado en el tiempo.
c) La anulación o revocación del propio acto.
d) La desaparición de los presupuestos de hecho que motivaron que se dictase.

18. El procedimiento, que es la vía a través de la cual se elabora la declaración de voluntad, deseo, conocimiento o juicio de la Administración, en que consiste el acto, es un elemento del acto administrativo de tipo:

a) Objetivo.
b) Subjetivo.
c) Formal.
d) Accidental.

19. Serán motivados, con sucinta referencia de hechos y fundamentos de Derecho:

a) Los actos que se separen del criterio seguido en actuaciones precedentes o del dictamen de órganos consultivos.
b) Los actos que limiten derechos subjetivos o intereses legítimos.
c) Los actos que resuelvan procedimientos de revisión de oficio de disposiciones o actos administrativos, recursos administrativos y procedimientos de arbitraje y los que declaren su inadmisión.
d) Todas las respuestas son correctas.

20. Según pongan fin al expediente administrativo o formen parte del mismo, como una fase del mismo, sin tener carácter resolutivo, los actos administrativos se clasifican en:

a) Actos definitivos y actos de trámite.
b) Actos propios y actos impropios.
c) Actos básicos y actos de trámite.
d) Actos únicos y actos múltiples.

21. Según que la Administración, al dictarlos, se limite a aplicar una norma que le señala claramente la decisión a adoptar en el supuesto del hecho de que se trate, o tenga libertad en la emisión de dicho acto, pudiendo optar entre diversas alternativas que la ley le ofrece, pero sin olvidar que el fin de toda su actuación es el interés general, los actos administrativos se clasifican en:

a) Actos únicos y actos múltiples.
b) Actos de trámite y actos complejos.
c) Actos directos y actos indirectos
d) Actos reglados y actos discrecionales.

22. ¿Cuál de los siguientes envíos postales se considera también un envío de correspondencia?

a) Libros.
b) Tarjetas postales.
c) Catálogos.
d) Diarios y publicaciones periódicas.

23. Los envíos postales, en tanto no lleguen a poder del destinatario:

a) Son propiedad del servicio postal.
b) Son propiedad del destinatario una vez depositados por el remitente.
c) Son propiedad del remitente.
d) Carecen de propietario.

24. Cualquier servicio consistente en la recogida, la admisión, la clasificación, el transporte, la distribución y la entrega de envíos postales, es:

a) Un servicio postal.
b) Un servicio universal.
c) Un servicio postal universal.
d) Un servicio estándar de correspondencia.

25. Se incluye en el ámbito del servicio postal universal las actividades de recogida, admisión, clasificación, transporte, distribución y entrega de cartas y tarjetas postales que contengan comunicaciones escritas en cualquier tipo de soporte:

a) Sin excepción.
b) De hasta 2 kg de peso.
c) De entre 100 y 1000 gramos.
d) De hasta 10 kg de peso.

26. Cada servicio integrado en el servicio postal universal incluirá la recogida, admisión, clasificación, tratamiento, curso, transporte, distribución y entrega de:

a) Paquetes postales cuyo peso no exceda de 2 kilogramos.
b) Cartas y tarjetas postales de hasta 10 kilogramos de peso.
c) Cartas y tarjetas postales de hasta 5 kilogramos de peso.
d) Paquetes postales cuyo peso no exceda de 20 kilogramos.

27. ¿Quién tiene la condición de operador designado por el Estado para prestar el servicio postal universal?

a) La Sociedad Estatal Correos y Telégrafos, Sociedad Anónima.
b) Cualquier operador postal con base en territorio español que lo solicite.

c) Las reglas de la competencia impiden que el Estado pueda designar un operador.

d) Correos y Telégrafos es el operador prestador del servicio postal universal por derecho propio, no por designación.

28. ¿Qué artículo de la Constitución garantiza el secreto de las comunicaciones y, en especial, de las postales, telegráficas y telefónicas?

a) El artículo 16.
b) El artículo 19.
c) El artículo 14.
d) El artículo 18.

29. Los envíos postales son:

a) Personales.
b) Cerrados.
c) Inviolables.
d) Normalizados.

30. ¿Cuál de estas condiciones no es propia de una carta?

a) Carácter actual.
b) Envío cerrado.
c) Comunicación materializada en forma escrita sobre soporte físico de cualquier naturaleza.
d) Contenido conocido.

31. ¿Cuál de estas condiciones no es propia de una tarjeta postal?

a) Pieza rectangular de cartulina consistente o material similar.
b) Que circule en sobre abierto.
c) Que circule al descubierto.
d) Que contenga un mensaje de carácter actual y personal.

32. Señalar la opción incorrecta:

a) La indicación del término de *"tarjeta postal"* en los envíos individuales no implica esta clasificación postal a menos que tenga carácter actual y personal.

b) Los envíos de recibos, facturas, documentos de negocios, estados financieros y cualesquiera otros mensajes que no sean idénticos, tienen la consideración de cartas.

c) Se entiende por envío postal el envío con destinatario, preparado en la forma definitiva en la que deba ser transportado por el operador del servicio postal universal.

d) No podrán constituir paquetes postales los lotes o agrupaciones de las cartas o cualquier otra clase de correspondencia actual y personal.

33. ¿A cuántos remitentes como mínimo se enviará un envío publicitario para que pueda ser considerado de publicidad directa?

a) 500.
b) 1000.
c) 2000.
d) 5000.

34. ¿Cuál de estas características no es propia de los envíos de publicidad directa?

a) Que su distribución se efectúe en sobre abierto, para facilitar la inspección postal.
b) Que esté formado por cualquier comunicación que consista únicamente en anuncios, estudios de mercado o publicidad.
c) Que en su cubierta figure la expresión "*P. D.*" a efectos de facilitar la identificación de estos envíos.
d) Que no se dirijan a destinatarios concretos sino a zonas de reparto en particular.

35. Señalar la opción correcta:

a) Para que un envío pueda considerarse catálogo ha de remitirse a más de 200 destinatarios.
b) El material fonográfico y videográfico tendrá el mismo tratamiento que los libros.
c) La distribución de catálogos se hará en sobre cerrado a diferencia de los envíos de publicidad directa.
d) Para que un envío se considere "*libro*" ha de tratarse de publicaciones encuadernadas.

36. Señalar la opción incorrecta. De acuerdo con las garantías que se otorgan al envío, los servicios postales se clasifican en:

a) Ordinarios.
b) Certificados.
c) Generales.
d) Con valor declarado.

37. ¿Dónde se consignará la palabra "CERTIFICADO" (o la etiqueta al uso) en los envíos certificados que circulen en el ámbito nacional?

a) En el ángulo superior izquierdo del anverso del envío.
b) En el ángulo superior derecho del anverso del envío.
c) En el ángulo superior izquierdo del reverso del envío.
d) En el centro de la parte superior del anverso del envío.

38. ¿Cuál de las siguientes afirmaciones es correcta?

a) La notificación es un requisito de validez del acto administrativo.
b) La recepción de un envío certificado se garantiza mediante la firma del destinatario o una persona autorizada.

c) Cuando se practique la notificación en el domicilio de la persona interesada y no se halle presente esta en el momento de la entrega, se intentará una segunda notificación dentro de los 3 días siguientes y en la misma franja horaria.

d) Los servicios de recogida, admisión, clasificación, entrega, tratamiento, curso, transporte y distribución de los envíos interurbanos y transfronterizos, certificados o no, de las cartas y de las tarjetas postales, siempre que su peso sea igual o inferior a 500 gramos, no podrán considerarse rápidos cuando el precio efectivamente cobrado por ellos no sea, al menos, tres veces superior al montante de la tarifa pública correspondiente para los envíos ordinarios de objetos de la primera escala de peso de la categoría normalizada más rápida.

39. Los envíos postales con naturaleza de carta, dirigidos a personas fallecidas:

a) Serán destruidos en presencia de notario y del representante legal de los herederos.

b) Serán entregados a sus herederos o a aquellos que tengan la administración de la herencia.

c) Quedarán depositados en la oficina de destino, desde la que, si es posible, se enviará consulta al remitente para que este autorice su entrega a los herederos u opte por su recuperación.

d) Se devolverán con carácter ordinario al remitente.

40. Señala la opción incorrecta. Según el Título II de la Ley 43/2010, de 30 de diciembre, del servicio postal universal, los derechos de los usuarios y del mercado postal son los siguientes:

a) Secreto de las comunidades postales.

b) Protección de datos.

c) Detención arbitraria.

d) Inviolabilidad de los envíos postales.

41. Una comunicación formal de un acto administrativo, de la que se hace depender la eficacia de aquel, es:

a) Un certificado.

b) Un acuse de recibo.

c) Un telegrama.

d) Una notificación.

42. En el ámbito nacional, no puede acompañarse de un servicio adicional de acuse de recibo, el servicio de:

a) Notificación.

b) Giro postal.

c) Paquete azul.

d) Carta ordinaria.

43. Señala la opción incorrecta. Los telegramas:

a) Son una transmisión segura e inmediata.
b) Tiene valor de prueba ante jueces y tribunales.
c) El destinatario recibe el escrito original.
d) El servicio de Correos otorga una copia certificada al remitente que lo solicite, como prueba legal frente a terceros.

44. En cuanto al formato de letra, en los datos del destinatario de una carta normalizada:

a) Se procurará superponer los caracteres, o que al menos estén en contacto.
b) Se procurará inscribir los caracteres en letra cursiva.
c) Se utilizarán caracteres con una altura entre 2 y 8 mm.
d) Se utilizarán caracteres con espesores muy gruesos.

45. El servicio consistente en el previo pago de una cantidad predeterminada a tanto alzado para establecer una garantía fija contra los riesgos de pérdida, sustracción o deterioro del envío son:

a) Giros.
b) Certificados.
c) Notificaciones.
d) Reembolsos.

46. Consiste en que la entrega de un envío al destinatario se realiza previo abono por parte de este de la cantidad que figura en el envío (la que quiere cobrar el remitente del envío):

a) El servicio de giro postal.
b) El servicio de reembolso.
c) El servicio de valor declarado.
d) El servicio de certificado.

47. El importe mínimo a cobrar por un servicio de reembolso es de:

a) 0,10 €.
b) 1 €.
c) 10 €.
d) 20 €.

48. El plazo para el cobro de los giros en destino termina:

a) El día 20 del mes siguiente al de su imposición o el posterior hábil, si aquel fuere festivo.
b) El día 25 del mes siguiente al de su imposición o el anterior hábil, si aquel fuere festivo.

c) El día 25 del mes siguiente al de su imposición o el posterior hábil, si aquel fuere festivo.

d) El último día del mes siguiente al de su imposición o el posterior hábil, si aquel fuere festivo.

49. Previa exhibición del correspondiente resguardo, podrá reclamarse el importe de los giros por parte del remitente o de sus legítimos derechohabientes:

a) Antes del día 25 del mes siguiente al de su imposición, o el posterior hábil.

b) Durante el plazo de tres meses desde la fecha de imposición.

c) Durante el plazo de un año desde la fecha de imposición.

d) Durante el plazo de dos años desde la fecha de imposición.

Solución al test n.º 2

1. d) Cuando la ley lo prescriba.

2. d) Todos los anteriores deben motivarse.

3. c) Los motivos en que se basa la decisión.

4. d) Las respuestas a) y c) son correctas.

5. d) No se lesionen derechos de otras personas.

6. c) Puede ser objeto de impugnación por el particular.

7. a) Mayor de catorce años.

8. c) Funcional y territorial.

9. a) Irregular.

10. b) Hayan transcurrido diez días naturales desde la puesta a disposición de la notificación sin que se acceda a su contenido.

11. d) Siempre.

12. b) No impide su ejecutividad una vez efectuada.

13. c) Pueden establecerse expresamente por una disposición con rango de ley.

14. d) Pueden dar lugar a la anulabilidad si producen indefensión.

15. a) Si el vicio consiste en incompetencia jerárquica.

16. c) Incompetencia funcional.

17. a) El incumplimiento de la condición resolutoria a que pudiera estar sujeto.

18. c) Formal.

19. d) Todas las respuestas son correctas.

20. a) Actos definitivos y actos de trámite.

21. d) Actos reglados y actos discrecionales.

22. b) Tarjetas postales.

23. c) Son propiedad del remitente.

24. a) Un servicio postal.

25. b) De hasta 2 kg de peso.

26. d) Paquetes postales cuyo peso no exceda de 20 kilogramos.

27. a) La Sociedad Estatal Correos y Telégrafos, Sociedad Anónima.

28. d) El artículo 18.

29. c) Inviolables.

30. d) Contenido conocido.

31. b) Que circule en sobre abierto.

32. a) La indicación del término de "tarjeta postal" en los envíos individuales no implica esta clasificación postal a menos que tenga carácter actual y personal.

33. a) 500.

34. d) Que no se dirijan a destinatarios concretos sino a zonas de reparto en particular.

35. b) El material fonográfico y videográfico tendrá el mismo tratamiento que los libros.

36. a) Ordinarios.

37. a) En el ángulo superior izquierdo del anverso del envío.

38. b) La recepción de un envío certificado se garantiza mediante la firma del destinatario o una persona autorizada.

39. c) Quedarán depositados en la oficina de destino, desde la que, si es posible, se enviará consulta al remitente para que este autorice su entrega a los herederos u opte por su recuperación.

40. c) Detención arbitraria.

41. d) Una notificación.

42. d) Carta ordinaria.

43. c) El destinatario recibe el escrito original.

44. c) Se utilizarán caracteres con una altura entre 2 y 8 mm.

45. b) Certificados.

46. b) El servicio de reembolso.

47. a) 0,10 €.

48. c) El día 25 del mes siguiente al de su imposición o el posterior hábil, si aquel fuere festivo.

49. d) Durante el plazo de dos años desde la fecha de imposición.

TEST N.º 3

La atención al ciudadano. Recepción y telefonía. Vigilancia y control a las personas que accedan a las dependencias administrativas. Reuniones y actuaciones de comunicación: preparación de locales y materiales

1. El *feedback* significa:

a) Alimentación verbal.
b) Impacto emocional.
c) Retroalimentación.
d) Escucha óptima.

2. En cuanto al ciudadano cliente, es falso que:

a) Hay que atender con rapidez y reflexión sus reclamaciones.
b) Toda la empresa pública es responsable de las relaciones con los ciudadanos clientes.
c) Debe sentir interés por parte del informador público para con sus problemas.
d) No espera un trato exquisito, solo quiere que se le resuelva el asunto de su consulta.

3. En el trato a un cliente inquisitivo, es adecuado:

a) Mostrarle conocimientos técnicos.
b) No dar detalles.
c) Mostrar impaciencia.
d) Contradecirse.

4. En el trato a un cliente presuntuoso, no es correcto:

a) Mostrar humildad.
b) Competir con él.
c) Mostrar mucha amabilidad.
d) Adularle alguna vez.

5. En el trato a un cliente escéptico, no es correcto:

a) Mostrar paciencia y perseverancia.
b) Ser sincero.

c) Mantenerse firme y a distancia.
d) Dar garantías.

6. No es correcto, en relación con el comportamiento agresivo de un ciudadano cliente la siguiente afirmación:

a) El agresivo se enfadará con el representante de la Administración, aun sabiendo que no es el culpable de sus problemas.
b) El funcionario no debe perder las buenas maneras y no dar respuestas que puedan ser interpretadas como una provocación.
c) Se intentará frenar la parte irracional de su comportamiento y negociar, haciéndole sentir que su problema nos preocupa.
d) No es conveniente aplicar en esta situación la escucha activa.

7. ¿Cuál de los siguientes tipos de comportamiento se caracteriza por dar afirmaciones claras, expresarse con franqueza y de manera constructiva?

a) Comportamiento asertivo.
b) Comportamiento pasivo.
c) Comportamiento agresivo.
d) Comportamiento pasivo-agresivo.

8. Para establecer un tono positivo con los clientes que no tienen razón en sus argumentos, hemos de:

a) Decirles que no llevan la razón.
b) Decirles que están equivocados.
c) Hacerles sentir culpables.
d) Esforzarnos en ser positivos en nuestras respuestas.

9. Parafrasear es una forma de asegurar nuestra comprensión del mensaje diciéndole al cliente lo que pensamos o lo que hemos comprendido:

a) Añadiendo la información no incluida por el cliente.
b) Asegurándonos de que nuestro tono incluye juicio.
c) Asegurándonos de que nuestro tono incluye evaluación.
d) Dando a entender al cliente que queremos saber si entendemos adecuadamente su mensaje.

10. Cuando los clientes se acercan a la Administración, a menudo nos encontramos con la tarea de tener que explicar un asunto o un servicio. No es cierto que en la explicación:

a) Nos aseguraremos de dar la información correcta.
b) Evitaremos los tecnicismos, utilizando un lenguaje simple y coloquial y educado.

c) Utilizaremos explicaciones de carrerilla, para no ser desigual con otros clientes.

d) No asumiremos que el cliente sabe de temas de la Administración, facilitándole los detalles imprescindibles.

11. ¿Cuál de las siguientes opciones es correcta en cuanto a convencer al cliente?

a) Convencer es coaccionar al cliente para que este realice algo que no desea.

b) Tenemos que persuadirle.

c) Los ciudadanos quieren creer lo que les decimos.

d) No es tarea del personal de la Administración ganarse la confianza que quieran depositar en él.

12. Para tratar a un cliente enfadado, aplicando la técnica de la escucha física:

a) Miraremos al ciudadano directamente. Esto implica que prestamos toda nuestra atención a la conversación con el cliente.

b) Cruzaremos los brazos o las piernas, para hacer pensar al cliente que estamos dispuestos a escucharle.

c) Le miraremos a los ojos fijamente por largo tiempo.

d) Mantendremos una postura rígida e inamovible.

13. La escucha física es una técnica que nos va a permitir, mediante un lenguaje no verbal, tranquilizar y relajar el ánimo de nuestro cliente. ¿Cuál de las siguientes frases es correcta?

a) Primero la persona, después el problema. Primero los sentimientos, después los hechos.

b) Primero la persona, después los sentimientos. Primero el problema, después los hechos.

c) Primero los sentimientos, después la persona. Primero los hechos, después el problema.

d) Primero el problema, después la persona. Primero los hechos, después los sentimientos.

14. Para disminuir la tensión en una reclamación de un ciudadano agresivo:

a) Hay que sentirse personalmente afectado.

b) Hay que evitar la responsabilidad.

c) Dejar hablar y escuchar.

d) Procurar entrar en discusión.

15. Ante un cliente que solicita información con mucha meticulosidad, numerosas preguntas y una actitud crítica, el trato del informador público debe caracterizarse por:

a) Permanecer impasible.

b) Dar pocos detalles.

c) Aportar conocimientos técnicos.

d) Mantenerse firme.

16. Un cliente acude a una de las oficinas de la Administración demandando información personal que le es necesaria para cumplimentar algunos documentos. Sabemos que los datos están informatizados y puede tener acceso a ellos introduciendo un código en un terminal informático. Por lo tanto, como informador público:

a) Dejaremos que el cliente decida cómo actuar.
b) Nos acercaremos a él con la máxima profesionalidad para intentar ayudarle.
c) Esperaremos y solo si observamos algún error en el proceso, tomaremos la iniciativa.
d) Entablaremos una conversación intrascendente para ganarnos su confianza.

17. Para proporcionar un servicio de calidad que satisfaga a los clientes:

a) Se deben aplicar técnicas de escucha activa, feedback y reformulación.
b) La información debe ser ofrecida por más de un empleado.
c) La prioridad será mantener una buena imagen de la Administración.
d) El empleado público se mantendrá indiferente a las necesidades del ciudadano.

18. Un visitante pregunta a un Ordenanza por una determinada unidad; este le facilitará una información:

a) Totalmente detallada recurriendo incluso al color de las puertas.
b) Clara y sucinta.
c) Que incluya un croquis de las dependencias por donde debe pasar antes de llegar a la unidad.
d) Que indique el recorrido pero advirtiéndole que existen suficientes rótulos indicadores de las unidades o servicios.

19. Los clientes poseen diferentes personalidades y por ello tienen diferentes características. Así, debemos saber que el cliente que avasalla e insulta pertenece al tipo:

a) Hablador.
b) Excitable.
c) Inquisitivo.
d) Irrazonable.

20. El comportamiento agresivo:

a) Se refleja físicamente por el movimiento continuo de manos y brazos.
b) Se da cuando una persona se enfrenta a otra físicamente.
c) Se da cuando la persona afirma claramente, se expresa con franqueza y de manera constructiva.
d) Se da cuando una persona siente temor a actuar de forma agresiva.

21. La diferencia entre una reclamación y una queja es que la primera:

a) Expresa desacuerdo con el trato personal.
b) Expresa insatisfacción con el contenido dado a la demanda.
c) Se basa en una percepción subjetiva que no afecta a todos los clientes por igual.
d) Informa sobre cómo es percibida la calidad de los servicios por los ciudadanos.

22. ¿Cuál de los siguientes elementos básicos de la comunicación se refiere al lenguaje en el que emitimos el mensaje?

a) El emisor.
b) El receptor.
c) El canal.
d) El código.

23. No ayuda a la comunicación:

a) La escucha activa.
b) El *feedback*.
c) La reformulación (fenómeno eco).
d) Utilizar un lenguaje lo más técnico posible.

24. No ayuda a una escucha activa:

a) Estar preparado sobre el tema de que se trata.
b) Escuchar y resumir las ideas básicas.
c) Repetir en esencia lo que ha dicho el interlocutor.
d) No preguntar.

25. No es cierto que el *feedback* (retroalimentación) en la comunicación:

a) Consiste en facilitar a nuestro interlocutor información sobre cómo hemos percibido o entendido lo que nos está comunicando.
b) Consiste en dejar que el otro hable, escuchar atentamente y callar.
c) Puede referirse no solo a la recepción del mensaje sino a expresar de forma verbal el impacto emocional del mismo.
d) Aclara las relaciones entre personas y ayuda a comprender mejor al otro.

26. Es un fallo en la comunicación:

a) Entender lo que queremos entender.
b) Establecer un clima agradable.
c) Estar dispuestos a oír a la otra persona en sus propios términos.
d) Ser comprensivo con las circunstancias del interlocutor.

27. No es una causa de fallos en la comunicación:

a) Entender lo que queremos entender.
b) Nuestro estado emocional condicionador de lo que queremos decir.
c) Estar a la defensiva.
d) Vocalizar al hablar.

28. No ayuda a mejorar nuestra comunicación cuando hablamos:

a) Organizar nuestro pensamiento.
b) Expresarnos con precisión.
c) Encerrar muchas ideas en un enunciado.
d) Hablar con naturalidad.

29. No ayuda a mejorar nuestra comunicación cuando escuchamos:

a) Que el interlocutor advierta que se pone voluntad e interés en entenderle.
b) Utilizar el *feedback* (retroalimentación).
c) Pensar en nuestras respuestas mientras escuchamos.
d) No evaluar ni prejuzgar.

30. El ordenanza o conserje que recibe una reclamación de un cliente:

a) Ha de negarse a recibirla.
b) Debe convencer al usuario para que no la presente.
c) Debe recibir cualquier tipo de reclamación que el usuario quiera presentar.
d) El cliente no puede realizar reclamaciones.

31. En relación con la comunicación no verbal, es falso que:

a) La quietud y el reposo son posturas de clara atención al interlocutor.
b) La quietud ha de ser rígida para mostrar que no se está deseando que el otro acabe de hablar.
c) Comunicamos constantemente nuestro estado emocional a través de inconscientes gestos.
d) Cuando hablamos, nuestra voz comunica una gran cantidad de información no incluida en los sonidos de las palabras que pronunciamos (el paralenguaje).

32. Es importante ofrecer una cálida acogida al ciudadano que llega a veces perdido. La acogida tiene cuatro partes, ¿cuál de las siguientes es incorrecta?

a) Recepción.
b) Saludo.
c) Ponernos a su disposición.
d) Continuar con lo que estábamos haciendo.

33. Señalar la respuesta incorrecta. La escucha física es una técnica que:

a) Permite tranquilizar y relajar el ánimo del cliente.
b) Utiliza el lenguaje verbal.
c) Refleja la actitud de estar al servicio del cliente.
d) Transmite interés por el problema.

34. Es importante que la voz del ordenanza o conserje al teléfono para atender al usuario sea:

a) Clara, monótona y agresiva.
b) Apagada, natural y agradable.
c) Regresiva, con silencios.
d) Agradable, clara y armónica.

35. Señalar la opción incorrecta. Cuando el ordenanza o conserje realiza una llamada debe seguir los pasos que se indican a continuación:

a) Saludar.
b) Mantener al usuario en espera.
c) Justificar la llamada.
d) Aplicar la técnica de escucha activa.

36. La atención personalizada al ciudadano no comprende la función de:

a) Recepción y acogida a los ciudadanos.
b) Orientación e información.
c) Gestión.
d) Enjuiciamiento.

37. La medida preventiva de seguridad que consiste en la supervisión y regulación del tránsito de personas, vehículos y objetos a través de una o varias zonas de un edificio público, se llama:

a) Apertura de instalaciones.
b) Control de accesos.
c) Acreditación de visitantes.
d) Identificación automática.

38. El principal objetivo del control de accesos es:

a) Obtener información de cuántas personas acceden al edificio diariamente.
b) La información al ciudadano sobre el lugar al que se ha de dirigir.
c) Minimizar o descartar riesgos de seguridad derivados de entradas y salidas no autorizadas.
d) Favorecer el uso de la administración electrónica.

39. La norma UNE-EN 60839:2014 cataloga los sistemas de control de accesos de grado 3 como:

a) Alto riesgo.
b) Bajo riesgo.
c) Riesgo entre bajo y medio.
d) Riesgo entre medio y alto.

40. Cuando se exige algún tipo de credencial para acceder al interior de un edificio, la forma de control de accesos será:

a) Regulación del tránsito.
b) Recepción de personas visitantes y usuarios.
c) Registro de movimientos.
d) Apertura de puertas.

41. ¿Cuál de los siguientes es un sistema de credencial material?

a) La huella digital.
b) La cerradura de combinación.
c) El iris de los ojos.
d) La tarjeta de control.

42. ¿Cuál de los siguientes es un sistema credencial de conocimientos?

a) La voz.
b) Los emisores de radiofrecuencia.
c) La cerradura de combinación.
d) La llave magnética.

43. De entre los siguientes sistemas de credenciales, señala cuál es de conocimiento:

a) Emisor de infrarrojos.
b) Tarjeta holográfica.
c) Teclado digital.
d) Geometría de la mano.

44. ¿Cuál de los siguientes es un sistema de credencial personal?

a) Rasgos faciales.
b) Escritura.
c) Emisor de ultrasonido.
d) Llave mecánica.

45. De los siguientes términos, ¿cuál define a los elementos tipo portillos moto-rizados o pasillos automatizados que se colocan en los puntos de acceso que se uti-lizan como entrada a los edificios para canalizar la entrada por los lugares indicados y restringir el paso para que solo sea utilizado por personas autorizadas?

a) Alarmas.
b) Tornos.
c) Conserjería.
d) Garitas.

46. De las siguientes opciones, señala la incorrecta en relación al control de ac-cesos de objetos:

a) Los encargados del control de entrada y salida podrán comprobar, cuando así se les encomiende, el contenido de los bultos o paquetes sospechosos que el personal o los usuarios del servicio entren o saquen de los locales.
b) Deben declararse a la entrada los objetos que a la salida pudieran dar lugar a dudas sobre la licitud de su tenencia.
c) No se permitirá la salida de ningún objeto o material de servicio que no haya sido declarado a la entrada, aunque tenga autorización.
d) Cuando por obras, u otra causa, alguna dependencia precise dar salida a un con-siderable volumen de objetos o material, deberá participarlo al personal de control de entrada y salida para su debido control.

47. El arco detector de metales no es válido para detectar:

a) Herramientas.
b) Drogas.
c) Artefactos explosivos.
d) Armas.

48. El sistema de control de acceso de vehículos puede utilizarse en zonas de aparcamiento exclusivas del organismo y, generalmente, con capacidad para al me-nos:

a) 10 vehículos.
b) 30 vehículos.
c) 50 vehículos.
d) 100 vehículos.

49. A la hora de distinguir los rasgos más importantes para describir a una per-sona, se considera una característica especial:

a) La edad.
b) La raza.

c) La forma de la cara.
d) El sexo.

50. No forma parte de la función de apertura de edificios:

a) Gestionar el servicio de guardarropas.
b) Inspeccionar visualmente los elementos estructurales de acceso exteriores.
c) Desconectar el sistema de alarma.
d) Encender las luces principales del edificio.

51. No es cierto que la ronda de seguridad:

a) Incluya verificar el estado general de las instalaciones en materia de seguridad.
b) Se puede realizar en cualquier momento de la jornada.
c) Se realice recorriendo planta a planta, inspeccionando y asegurando cada una de ellas.
d) Incluya comprobar el correcto funcionamiento de los equipos y sistemas de detección y alarma.

52. Las áreas sensibles de un edificio de un organismo público son aquellas zonas, salas o despachos que, por circunstancias concretas, requieran de una atención de seguridad específica. Se consideran como tales:

a) Las plantas más altas del edificio.
b) Las áreas administrativas.
c) Los salones de actos.
d) Las salas de cuartos de máquinas e instalaciones.

53. Señala, de las siguientes, cuál es la opción incorrecta en relación con la inspección de los despachos de dirección y altos cargos:

a) La inspección se realizará todos los días a partir de la finalización del horario laboral normalizado, cuando la dirección o alto cargo y su secretaria o secretario hayan abandonado el edificio.
b) Se comprobará que el despacho esté cerrado; en el caso de que esté abierto, se comprobará la presencia e identidad de quien permanezca en su interior.
c) Si hubiera alguien en el interior, a la salida se cerrarán las puertas y se registrará el hecho como incidencia en el libro oficial de incidencias o aplicación informática correspondiente.
d) Aunque las puertas de los despachos estén cerradas o no se detecten irregularidades desde el exterior, durante la inspección de la ronda de seguridad se deberá entrar para cerciorarse de que todo está correcto en el interior.

54. La puesta en marcha de instalaciones por parte del personal subalterno comprende la puesta a punto y en servicio de... (Señala la opción incorrecta):

a) La calefacción o refrigeración de la sala.
b) Los ordenadores de los distintos puestos administrativos.
c) Los sistemas de ventilación exterior y/o interior.
d) La iluminación artificial y/o natural.

55. Son elementos de las instalaciones de climatización:

a) Los equipos de alumbrado de emergencia.
b) Los sistemas de prevención de sobretensiones y protección con pararrayos.
c) Las motobombas.
d) Los sistemas de abastecimiento de agua contra incendios.

56. Señala la opción correcta relacionada con la función de custodia y control de llaves:

a) La custodia y control de llaves de cualquier edificio de un organismo público es responsabilidad del personal subalterno.
b) Las llaves son para uso exclusivo del personal subalterno, no pudiendo cederse temporalmente bajo ningún concepto a otras personas del centro o ajenas al mismo.
c) Cualquier persona del centro podrá solicitar el uso y disfrute de copias de las llaves de las dependencias en las que trabaje.
d) El subalterno encargado de la custodia y control de llaves del edificio registrará en el libro oficial de registro o aplicación informática los movimientos de llaves, entrega y recogida solicitadas por personal laboral y contratas externas autorizadas por la administración del edificio.

57. Ordenan al Subalterno que prepare la sala de reuniones, ¿qué factor no tiene por qué tener en cuenta en relación con el local?

a) La acústica.
b) La calefacción.
c) La iluminación.
d) El estilo del mobiliario.

58. Señalar la opción incorrecta. En cuanto a la relación con los materiales, el Subalterno tendrá en cuenta:

a) Sillas cómodas y en cantidad suficiente.
b) Reloj que el público puede visualizar.
c) Fotocopiadora lo más alejada posible para evitar interferencias.
d) Hojas blancas o cuadernos para notas.

59. Tenemos distintas posibilidades de disponer el auditorio en función del tipo de reunión. Si encomiendan al Subalterno que organice la sala presentando un grupo que facilite el contacto visual y promueve la interacción, colocará el auditorio:

a) Tipo sala de juntas.
b) Tipo herradura.
c) Tipo conferencia.
d) Tipo cabaret.

60. Para trabajar con grupos pequeños de forma informal, la sala se dispondrá en forma:

a) Mesa redonda.
b) Teatro.
c) Cabaret.
d) Herradura.

61. Una ventaja de las pizarras es que:

a) Son baratas y fáciles de mantener.
b) Con el tiempo no pierden el brillo.
c) Son muy adecuadas para la utilización de retroproyectores.
d) Al usarlas con tiza no producen manchas.

62. Cuando en una reunión se quieren usar transparencias, ¿qué aparato prepara el Subalterno?

a) Pizarra.
b) Vídeo.
c) Aparato proyector.
d) Cartelógrafos.

63. Transmite audio estéreo y codificado en Dolby Digital y DTS:

a) Conector DVI.
b) Conector Firewire.
c) Cable UTP.
d) Conector XLR.

64. Las reuniones que se estructuran a partir de intereses o necesidades de la organización, se llaman:

a) Reuniones ordinarias.
b) Reuniones formales.
c) Reuniones internas.
d) Reuniones de información.

65. Los eventos organizados como congresos suelen constar de tres partes; señalar la opción incorrecta:

a) Debate.
b) Conclusiones.
c) Taller.
d) Ponencias.

66. ¿En cuál de los siguientes tipos de eventos todos los participantes tienen el derecho y, en ocasiones, también la obligación de participar?

a) Seminario.
b) Simposio.
c) Conferencia.
d) Plenario.

67. En un Simposio:

a) No se realiza exposición de ideas sino que se trata más bien de una charla sobre un tema propuesto.
b) Los expositores no defienden sus posiciones sino que aportan información y conocimientos de aquello en lo que son expertos.
c) Se discute grupal e informalmente sobre un tema determinado.
d) Uno o varios especialistas exponen un tema, para seguidamente iniciar una discusión moderada por un coordinador.

68. Por regla general, ¿cuál es el tamaño máximo de los impresos a proyectar en un proyector de opacos?

a) 10 x 10 cm.
b) 3 x 3 cm.
c) 25 x 25 cm.
d) 50 x 50 cm.

69. ¿En qué tipo de disposición alrededor de una mesa, las presidencias (anfitrión e invitado de honor) se ubican en los extremos de la mesa?

a) Presidencia francesa.
b) Sistema del reloj.
c) Presidencia inglesa.
d) Mesa redonda.

70. ¿Qué medio audiovisual se conoce también como multiplán o rotafolio?

a) El papelógrafo.
b) El magnetógrafo.

c) El franelógrafo.
d) La pizarra.

71. ¿Cuál de las siguientes tecnologías de proyección está basada en diodos de emisión de luz?

a) LCD.
b) DLP.
c) LED.
d) LCoS.

72. El grado de nitidez de una imagen proyectada en una pantalla es:

a) El contraste.
b) El brillo.
c) La ratio de aspecto.
d) La resolución.

73. La unidad de medida del brillo de los proyectores es:

a) El lumen.
b) El lux.
c) El píxel.
d) El ohmio.

74. El conjunto de *hardware* y *software* que permite la conexión simultánea en tiempo real por medio de imagen y sonido que hacen relacionarse e intercambiar información de forma interactiva a personas que se encuentran geográficamente distantes, como si estuvieran en un mismo lugar de reunión, se conoce como:

a) La pizarra electrónica.
b) La pantalla acústica.
c) La videoconferencia.
d) El diaporama.

75. Los bafles son:

a) Amplificadores.
b) Un tipo de micrófonos.
c) Ecualizadores.
d) Altavoces.

76. Al conjunto de elementos tecnológicos que se acoplan y utilizan para aumentar el volumen del sonido en lugares de gran concurrencia de personas, se le denomina:

a) Equipo de sonido.
b) Sistema audiovisual.

c) Sistema de megafonía.
d) Sistema de alarma y emergencia.

77. Señalar la opción incorrecta. Las normas de protocolo parten del supuesto básico de que existen diferencias entre personas. Estas diferencias se basan en:

a) Aspectos relacionados con la responsabilidad.
b) Aspectos relacionados con los honores adquiridos por méritos.
c) Aspectos intrínsecos de la persona como tal.
d) Aspectos relacionados con la representatividad del cargo.

78. La vexilología:

a) Explica y describe los escudos de armas de personas.
b) Estudia las banderas, pendones y estandartes.
c) Estudia los uniformes.
d) Estudia la simbología de los tratamientos protocolarios.

79. Señalar la opción incorrecta. Tienen tratamiento de Excelentísimo Señor, Excmo./a Sr./Sra.:

a) Los Secretarios de Estado.
b) Presidente del Tribunal Constitucional.
c) Directores Generales.
d) Presidente del Tribunal de Cuentas.

80. El Alcalde de Madrid tiene tratamiento de:

a) Ilustrísimo.
b) Excelentísimo.
c) Señoría.
d) Ilustrísima Señoría.

81. Señalar la respuesta incorrecta. Cuando se utilice la bandera de España, la colocaremos:

a) Ocupará siempre un lugar modesto y poco visible.
b) Si está junto a otras banderas, la de España ocupará un lugar preeminente.
c) Si está junto a otras banderas, las restantes no podrán tener mayor tamaño.
d) Si está junto a otras banderas, la de España ocupará un lugar de máximo honor.

82. ¿Cómo se llama el conector que tiene 15 pines en tres filas de 5 cada una?

a) HDMI.
b) DVI.

c) Euroconector.
d) VGA o RGB.

83. Es el típico conector de antena que se emplea como portador de la información recogida por la antena y que va al televisor, y también de la tensión continua requerida por los amplificadores de antena:

a) Conector aerial o RF.
b) RCA.
c) Euroconector.
d) JACK.

84. Conecta un dispositivo móvil con un proyector de forma inalámbrica para la reproducción de todo tipo de contenidos:

a) RCA.
b) iProjection.
c) I-link.
d) Conector aerial.

85. Conexión estándar para conectar periféricos *plug and play* (enchufar y listo), generalmente a un PC:

a) HDMI.
b) JACK.
c) USB.
d) S-Video.

86. Cuando tenemos un cable con 3 conectores RCA, normalmente el amarillo es para:

a) El canal R.
b) Vídeo.
c) El canal L.
d) El brillo.

Solución al test n.º 3

1. c) Retroalimentación.

2. d) No espera un trato exquisito, solo quiere que se le resuelva el asunto de su consulta.

3. a) Mostrarle conocimientos técnicos.

4. b) Competir con él.

5. c) Mantenerse firme y a distancia.

6. d) No es conveniente aplicar en esta situación la escucha activa.

7. a) Comportamiento asertivo.

8. d) Esforzarnos en ser positivos en nuestras respuestas.

9. d) Dando a entender al cliente que queremos saber si entendemos adecuadamente su mensaje.

10. c) Utilizaremos explicaciones de carrerilla, para no ser desigual con otros clientes.

11. c) Los ciudadanos quieren creer lo que les decimos.

12. a) Miraremos al ciudadano directamente. Esto implica que prestamos toda nuestra atención a la conversación con el cliente.

13. a) Primero la persona, después el problema. Primero los sentimientos, después los hechos.

14. c) Dejar hablar y escuchar.

15. c) Aportar conocimientos técnicos.

16. b) Nos acercaremos a él con la máxima profesionalidad para intentar ayudarle.

17. a) Se deben aplicar técnicas de escucha activa, *feedback* y reformulación.

18. b) Clara y sucinta.

19. b) Excitable.

20. a) Se refleja físicamente por el movimiento continuo de manos y brazos.

21. b) Expresa insatisfacción con el contenido dado a la demanda.

22. d) El código.

23. d) Utilizar un lenguaje lo más técnico posible.

24. d) No preguntar.

25. b) Consiste en dejar que el otro hable, escuchar atentamente y callar.

26. a) Entender lo que queremos entender.

27. d) Vocalizar al hablar.

28. c) Encerrar muchas ideas en un enunciado.

29. c) Pensar en nuestras respuestas mientras escuchamos.

30. c) Debe recibir cualquier tipo de reclamación que el usuario quiera presentar.

31. b) La quietud ha de ser rígida para mostrar que no se está deseando que el otro acabe de hablar.

32. d) Continuar con lo que estábamos haciendo.

33. b) Utiliza el lenguaje verbal.

34. d) Agradable, clara y armónica.

35. b) Mantener al usuario en espera.

36. d) Enjuiciamiento.

37. b) Control de accesos.

38. c) Minimizar o descartar riesgos de seguridad derivados de entradas y salidas no autorizadas.

39. d) Riesgo entre medio y alto.

40. a) Regulación del tránsito.

41. d) La tarjeta de control.

42. c) La cerradura de combinación.

43. c) Teclado digital.

44. a) Rasgos faciales.

45. b) Tornos.

46. c) No se permitirá la salida de ningún objeto o material de servicio que no haya sido declarado a la entrada, aunque tenga autorización.

47. b) Drogas.

48. a) 10 vehículos.

49. c) La forma de la cara.

50. a) Gestionar el servicio de guardarropas.

51. b) Se puede realizar en cualquier momento de la jornada.

52. d) Las salas de cuartos de máquinas e instalaciones.

53. d) Aunque las puertas de los despachos estén cerradas o no se detecten irregularidades desde el exterior, durante la inspección de la ronda de seguridad se deberá entrar para cerciorarse de que todo está correcto en el interior.

54. b) Los ordenadores de los distintos puestos administrativos.

55. c) Las motobombas.

56. d) El subalterno encargado de la custodia y control de llaves del edificio registrará en el libro oficial de registro o aplicación informática los movimientos de llaves, entrega y recogida solicitadas por personal laboral y contratas externas autorizadas por la administración del edificio.

57. d) El estilo del mobiliario.

58. c) Fotocopiadora lo más alejada posible para evitar interferencias.

59. b) Tipo herradura.

60. c) Cabaret.

61. a) Son baratas y fáciles de mantener.

62. c) Aparato proyector.

63. d) Conector XLR.

64. b) Reuniones formales.

65. c) Taller.

66. d) Plenario.

67. b) Los expositores no defienden sus posiciones sino que aportan información y conocimientos de aquello en lo que son expertos.

68. c) 25 x 25 cm.

69. c) Presidencia inglesa.

70. a) El papelógrafo.

71. c) LED.

72. d) La resolución.

73. a) El lumen.

74. c) La videoconferencia.

75. d) Altavoces.

76. c) Sistema de megafonía.

77. c) Aspectos intrínsecos de la persona como tal.

78. b) Estudia las banderas, pendones y estandartes.

79. c) Directores Generales.

80. b) Excelentísimo.

81. a) Ocupará siempre un lugar modesto y poco visible.

82. d) VGA o RGB.

83. a) Conector aerial o RF.

84. b) iProjection.

85. c) USB.

86. b) Vídeo.

TEST N.º 4

Trabajos con materiales y maquinaria de oficina. Reprografía. Destrucción de documentación. Ensobrado. Etiquetado. Guillotinado. Encuadernación. Grapado. Taladrado. Tipos de papel

1. Para horadar o perforar hojas con objeto de introducirlas en archivadores AZ, utilizaremos:

a) La ensobradora.
b) La guillotina.
c) La taladradora.
d) La cizalla.

2. ¿Qué tipo de escáner se utiliza para escanear elementos frágiles?

a) De rodillo.
b) De tambor.
c) De cama plana.
d) Cenital.

3. Son máquinas reproductoras:

a) Las guillotinadoras.
b) Las encuadernadoras.
c) Los escáneres.
d) Las plastificadoras.

4. Las fotocopiadoras electroestáticas se caracterizan porque:

a) Usan papel normal.
b) El documento original es barrido por un rayo de luz intensa que proyecta la imagen sobre un tambor por donde se distribuye el tóner, que adhiriéndose a la zona donde hay imagen, reproduce el original.

c) La imagen se transfiere al papel que, al calentarse, fija el pigmento sobre la copia.

d) La imagen a reproducir se proyecta directamente sobre el papel especial cuya superficie queda sensibilizada con cargas eléctricas.

5. La medida 420 x 297 mm corresponde a un:

a) A3.
b) A4.
c) B5.
d) B1.

6. En la fase de calentamiento de la fotocopiadora, ¿pueden realizarse copias?

a) Únicamente en las fotocopiadoras profesionales.
b) Sí.
c) No.
d) A veces se pueden realizar en las fotocopiadoras personales.

7. El fax funciona a través de:

a) La línea eléctrica.
b) La línea telefónica.
c) El módem.
d) Ondas de radio.

8. Si vamos a realizar fotocopias sin servirnos del alimentador recirculante de originales, ¿cómo dejaremos la cubierta superior de la máquina?

a) Preferiblemente abierta.
b) Cerrada.
c) Necesariamente abierta.
d) Si la cubierta superior no está cerrada, la máquina no funciona.

9. ¿Qué máquinas hacen al papel inservible e ilegible?

a) Las máquinas destructoras.
b) Las máquinas fresadoras.
c) Las taladradoras.
d) Las cizallas.

10. De las siguientes, es una impresora de impacto:

a) La impresora láser.
b) La impresora multifunción.
c) La impresora de inyección de tinta.
d) La impresora de margarita.

11. Las encuadernadoras:

a) Son máquinas capaces de obtener una copia exacta de un documento original mediante un proceso electrostático.

b) Son máquinas cuya función es la destrucción de papel, de forma que quede absolutamente inservible e ilegible.

c) Se utilizan para ordenar y presentar adecuadamente los documentos, clasificándolos e incorporándoles portadas.

d) Se utilizan para plastificar documentos, con objeto de preservarlos de manchas o del deterioro.

12. La plancha tipográfica en la que se ha reproducido una composición o un grabado para su posterior impresión, se llama:

a) Tóner.
b) Reset.
c) Starter.
d) Cliché.

13. El tóner es:

a) La "tinta" de la fotocopiadora.
b) El alimentador de la fotocopiadora.
c) El sistema de transporte de la fotocopiadora.
d) El tono de impresión requerido para una copia.

14. El "canutillo" es un tipo de:

a) Grapado.
b) Encuadernado.
c) Plastificado.
d) Franqueado.

15. La resma es:

a) Un tipo de papel.
b) Una medida tradicional para contar hojas de papel.
c) Un formato de papel.
d) El papel sobrante después del guillotinado.

16. Los escáneres de las fotocopiadoras son del tipo:

a) Escáneres de rodillo.
b) Escáneres de mano.
c) Escáneres cenitales.
d) Escáneres de cama plana.

17. ¿Qué impresora contiene una esfera con varios caracteres que gira hasta posicionar el carácter pretendido en frente de un pequeño martillo?

a) Impresora de margarita.
b) Impresora de agujas.
c) Impresora láser.
d) Impresora de línea.

18. ¿Qué tres colores utilizan las impresoras para hacer copias a color?

a) Negro, amarillo y cián.
b) Amarillo, cián y magenta.
c) Negro, cián y magenta.
d) Negro, blanco y magenta.

Solución al test n.º 4

1. c) La taladradora.

2. d) Cenital.

3. c) Los escáneres.

4. d) La imagen a reproducir se proyecta directamente sobre el papel especial cuya superficie queda sensibilizada con cargas eléctricas.

5. a) A3.

6. c) No.

7. b) La línea telefónica.

8. b) Cerrada.

9. a) Las máquinas destructoras.

10. d) La impresora de margarita.

11. c) Se utilizan para ordenar y presentar adecuadamente los documentos, clasificándolos e incorporándoles portadas.

12. d) Cliché.

13. a) La "tinta" de la fotocopiadora.

14. b) Encuadernado.

15. b) Una medida tradicional para contar hojas de papel.

16. d) Escáneres de cama plana.

17. a) Impresora de margarita.

18. b) Amarillo, cian y magenta.

TEST N.º 5

La documentación administrativa. Descripción de los principales documentos: instancia, certificado, anuncio, informe, resolución, comunicación y notificación

1. Las características de un documento de archivo, que servirán para identificarlo y diferenciarlo de otras modalidades documentales, son:

a) Objetividad, seriación y sistematización.
b) Seriación, unicidad y objetividad.
c) Sistematización, unicidad y seriación.
d) Unicidad, subjetividad y seriación.

2. El valor secundario de un documento se refiere a:

a) El origen del documento.
b) La misión del documento.
c) El valor legal del documento.
d) La capacidad de información del documento.

3. Las tres fases o edades que se distinguen en un documento de archivo son:

a) Elaboración, utilización y archivo.
b) Administrativa, intermedia e histórica.
c) Primaria, secundaria y terciaria.
d) Oficina, gestión e histórica.

4. La edad en la que el valor primario del documento ha disminuido, pero sin desaparecer, se denomina:

a) Intermedia.
b) Secundaria.

c) Utilización.

d) Gestión.

5. No es un elemento necesario en la formulación de las solicitudes:

a) Lugar y fecha.

b) Órgano, centro o unidad administrativa desde donde se envía la solicitud.

c) Nombre y apellidos del interesado y, en su caso, de la persona que lo representa.

d) Firma del solicitante o acreditación de la autenticidad de su voluntad expresada por cualquier medio.

6. El anuncio señalará el lugar de exhibición y determinará el plazo para formular alegaciones que, en ningún caso, podrá ser inferior a:

a) Veinte días.

b) Diez días.

c) Treinta días.

d) Quince días.

7. ¿Cuál de las siguientes afirmaciones en relación con la autenticación de copias es cierta?

a) Las copias auténticas tienen la misma validez que los documentos originales pero distinta eficacia.

b) Las copias auténticas de documentos privados no pueden surtir efectos administrativos.

c) Las copias auténticas realizadas por una Administración Pública solo tienen validez en su ámbito funcional.

d) Los interesados podrán solicitar, en cualquier momento, la expedición de copias auténticas de los documentos públicos administrativos que hayan sido válidamente emitidos por las Administraciones Públicas.

8. Es un documento de transmisión:

a) La resolución.

b) El informe.

c) El certificado.

d) El oficio.

9. Es un documento de constancia:

a) La resolución.

b) El informe.

c) El certificado.
d) El oficio.

10. En relación a los documentos electrónicos administrativos, no es cierto que:

a) Para ser considerados válidos, los documentos electrónicos administrativos deberán disponer de los datos de identificación que permitan su individualización, sin perjuicio de su posible incorporación a un expediente electrónico.

b) A menos que su naturaleza exija otra forma más adecuada de expresión y constancia, las Administraciones Públicas emitirán los documentos administrativos por escrito, a través de medios electrónicos.

c) Los documentos electrónicos emitidos por las Administraciones Públicas que se publiquen con carácter meramente informativo requieren firma electrónica para ser considerados documentos administrativos.

d) Cualquier documento electrónico emitido por una Administración Pública requerirá que se identifique su origen aunque no forme parte de un expediente administrativo.

Solución al test n.º 5

1. b) Seriación, unicidad y objetividad.

2. d) La capacidad de información del documento.

3. b) Administrativa, intermedia e histórica.

4. a) Intermedia.

5. b) Órgano, centro o unidad administrativa desde donde se envía la solicitud.

6. a) Veinte días.

7. d) Los interesados podrán solicitar, en cualquier momento, la expedición de copias auténticas de los documentos públicos administrativos que hayan sido válidamente emitidos por las Administraciones Públicas.

8. d) El oficio.

9. c) El certificado.

10. c) Los documentos electrónicos emitidos por las Administraciones Públicas que se publiquen con carácter meramente informativo requieren firma electrónica para ser considerados documentos administrativos.

Ordenanza reguladora de la administración digital en el Ayuntamiento de A Coruña: Derechos y deberes de la ciudadanía en relación con la administración digital. Red de apoyo a la administración digital. Notificaciones

1. La Ordenanza de administración digital figura como uno de los elementos tractores definidos por el Ayuntamiento de A Coruña, cuya finalidad es configurar un entorno tecnológico municipal que presenta múltiples objetivos. Indica cuáles son estos objetivos:

a) Disminución de los tiempos de resolución de trámites.

b) Simplificación y automatización de procedimientos y procesos a través de tecnologías emergentes.

c) Homogeneización y normalización de actuaciones administrativas e incremento de la interoperabilidad de la entidad local con otras administraciones públicas, a nivel local, autonómico, nacional y europeo.

d) Todas son correctas.

2. El Título I, Preliminar, de la Ordenanza reguladora de la administración digital en el Ayuntamiento de A Coruña regula en su Capítulo 2 los derechos y deberes de la ciudadanía en relación con la administración digital. Indica en cuántas secciones se divide este Capítulo:

a) 2.

b) 3.

c) 4.

d) 5.

3. El Título I, Preliminar, de la Ordenanza reguladora de la administración digital en el Ayuntamiento de A Coruña regula en su Capítulo 2 los derechos y deberes de la ciudadanía en relación con la administración digital. Indica a través de qué artículos:

a) 10 a 16.

b) 11 a 16.

c) 10 a 17.

d) 12 a 16.

4. En el marco de la Ordenanza reguladora de la administración digital en el Ayuntamiento de A Coruña, se reconoce a la ciudadanía los derechos enunciados en:

a) El artículo 11 de la Ley 39/2015, de 2 de octubre, del procedimiento administrativo común de las administraciones públicas, y de más derechos reconocidos en otras normas.

b) El artículo 12 de la Ley 39/2015, de 2 de octubre, del procedimiento administrativo común de las administraciones públicas, y de más derechos reconocidos en otras normas.

c) El artículo 13 de la Ley 39/2015, de 2 de octubre, del procedimiento administrativo común de las administraciones públicas, y de más derechos reconocidos en otras normas.

d) El artículo 14 de la Ley 39/2015, de 2 de octubre, del procedimiento administrativo común de las administraciones públicas, y de más derechos reconocidos en otras normas.

5. Indica qué derechos reconoce a la ciudadanía la Ordenanza reguladora de la administración digital en el Ayuntamiento de A Coruña:

a) Derecho al acceso y utilización de los medios y servicios digitales de la Administración, con independencia de las herramientas tecnológicas empleadas, en condiciones de seguridad técnica y jurídica.

b) Derecho al acceso a recibir información pública de calidad, accesible, actualizada y comprensible a través de los medios digitales.

c) Derecho a conocer las modalidades, los soportes o formatos en los que la información está disponible, así como el formato en que se conserva la misma.

d) Todas son correctas.

6. Cuando las personas interesadas en un procedimiento sean desconocidas, se ignore el lugar de la notificación o bien, intentada esta, no fuese posible practicarla en los términos establecidos legalmente, la notificación se hará mediante:

a) La publicación de un anuncio en el Tablón de edictos único y/o en el boletín oficial correspondiente.

b) La publicación de un anuncio en el Tablón de edictos único.

c) La publicación de un anuncio en el en el boletín oficial de la provincia.

d) La publicación de un anuncio en el boletín oficial del Estado.

7. El Título I, Preliminar, de la Ordenanza reguladora de la administración digital en el Ayuntamiento de A Coruña regula la red de apoyo a la administración digital. Indica en qué Capítulo:

a) 2.

b) 3.

c) 4.

d) 5.

8. El Título I, Preliminar, de la Ordenanza reguladora de la administración digital en el Ayuntamiento de A Coruña regula la red de apoyo a la administración digital. Indica en qué artículos:

a) 21 a 25.
b) 22 a 26.
c) 22 a 25.
d) 23 a 25.

9. El aviso legal informará a las personas usuarias sobre:

a) La disponibilidad, accesibilidad y calidad de la información y de los servicios, tales como la política de protección de datos personales, política de cookies, responsabilidad por la información y servicios prestados, condiciones para la reutilización de la información difundida y propiedad intelectual aplicable.

b) La disponibilidad, accesibilidad y de los servicios, tales como la política de protección de datos personales, política de cookies, responsabilidad por la información y servicios prestados, condiciones para la reutilización de la información difundida y propiedad intelectual aplicable.

c) La disponibilidad, accesibilidad y calidad de la información y de los servicios, tales como la política de protección de datos personales, responsabilidad por la información y servicios prestados, condiciones para la reutilización de la información difundida y propiedad intelectual aplicable.

d) La disponibilidad, accesibilidad y calidad de la información y de los servicios, tales como la política de protección de datos personales, política de cookies y servicios prestados, condiciones para la reutilización de la información difundida y propiedad intelectual aplicable.

10. Con carácter general, tienen la obligación de relacionarse por medios electrónicos con la Administración de la entidad local:

a) Los/ as empresarios/as autónomos/as en el marco de las actuaciones que realicen en su condición de empresario/a individual o autónomo/a.

b) Los/ as empresarios/as individuales o autónomos/as en el marco de las actuaciones que realicen en su condición de empresario/a individual o autónomo/a.

c) Los/ as empresarios/as individuales en el marco de las actuaciones que realicen en su condición de empresario/a individual o autónomo/a.

d) Los/ as empresarios/as públicos en el marco de las actuaciones que realicen en su condición de empresario/a individual o autónomo/a.

11. La notificación por comparecencia consiste en:

a) El acceso de la persona interesada, o de su representante debidamente identificado, al contenido de la actuación administrativa correspondiente, mediante la sede electrónica del Ayuntamiento de A Coruña.

b) El acceso de la persona interesada al contenido de la actuación administrativa correspondiente, mediante la sede electrónica del Ayuntamiento de A Coruña.

c) El acceso de la persona interesada, o de su representante debidamente identifica-do, al contenido de la actuación pública correspondiente, mediante la sede electrónica del Ayuntamiento de A Coruña.

d) El acceso de la persona interesada, o de su representante debidamente identifica-do, al contenido de la actuación administrativa correspondiente, mediante la sede tele-mática del Ayuntamiento de A Coruña.

12. En el marco de la utilización de los medios electrónicos en la actividad adminis-trativa y en sus relaciones con la entidad local, y para garantizar el buen funcionamien-to y gestión de la información, comunicaciones, procesos y aplicaciones de la adminis-tración digital, la actuación de la ciudadanía estará presidida por los deberes estable-cidos en la legislación estatal y autonómica aplicable y, en especial, indica por cuáles:

a) Deber de actuar de buena fe, evitando el abuso en el acceso a la información y en el uso de los servicios y procedimientos de la administración.

b) Deber de facilitar información veraz, completa y actualizada, adecuada a las finali-dades para las que se solicita.

c) Deber de custodiar aquellos elementos identificativos personales e intransferibles utilizados en las relaciones administrativas por medios electrónicos con la entidad local.

d) Todas son correctas.

13. Las consultas que se realicen mediante las plataformas puestas a disposición por el Ayuntamiento deben garantizar:

a) Valor probatorio para los efectos previstos en el procedimiento administrativo común.

b) Valor probatorio para los efectos previstos en el procedimiento administrativo general.

c) Valor probatorio para los efectos previstos en el procedimiento administrativo especial.

d) Valor probatorio para los efectos previstos en el procedimiento administrativo especifico.

14. En el ámbito de la Administración de la entidad local, las oficinas de atención presencial se clasifican, en función de sus capacidades y del tipo de servicios que prestan. Indica en qué categorías:

a) Oficinas de atención ciudadana que asumen las funciones de las oficinas de asistencia en materia de registro, de acuerdo con la normativa sobre procedimiento administrativo.

b) Puntos especializados de apoyo para la realización de trámites en determinadas materias, que prestan labores auxiliares de registro y digitalización.

c) Son correctas a) y b).

d) Ninguna es correcta.

15. Indica cuáles son las funciones de las oficinas de atención ciudadana:

a) Facilitar información sobre los servicios y trámites de la entidad local y de otras administraciones públicas.

b) Recibir la presentación de solicitudes, escritos y comunicaciones que las personas interesadas dirijan a los órganos de cualquiera administración, y entregar el correspon-diente recibo que acredite la fecha y hora de la mencionada presentación.

c) Facilitar a las personas interesadas el código de identificación del órgano, centro o unidad administrativa al que dirigen sus solicitudes, comunicaciones y escritos.

d) Todas son correctas.

16. El Título V, Registro electrónico, comunicaciones y notificaciones de la Administración municipal, de la Ordenanza reguladora de la administración digital en el Ayuntamiento de A Coruña, regula las notificaciones. Indica en qué Capítulo:

a) 1.
b) 2.
c) 3.
d) 4.

17. El Título V, Registro electrónico, comunicaciones y notificaciones de la Administración municipal, de la Ordenanza reguladora de la administración digital en el Ayuntamiento de A Coruña, regula las notificaciones. Indica en qué artículos:

a) 84 a 90.
b) 85 a 90.
c) 84 a 91.
d) 86 a 90.

18. Indica cuáles son las funciones de los puntos especializados de apoyo para la realización de trámites en determinadas materias, que prestan labores auxiliares de registro y digitalización:

a) Facilitar información sobre los servicios y trámites de la entidad local y de otras administraciones públicas relacionados con esa materia determinada y, en la medida de sus posibilidades, con otras materias propias de la gestión municipal.

b) Recibir solicitudes, escritos y comunicaciones que las personas interesadas dirijan a esos órganos especializados por razón de esa materia, y entregar el correspondiente recibo que acredite la data y hora de la mencionada presentación.

c) Facilitar a las personas interesadas el código de identificación del órgano, centro o unidad administrativa de carácter sectorial a la que dirigen sus solicitudes, comunicaciones y escritos.

d) Todas son correctas.

19. La atención ciudadana presencial se fundamenta en:

a) Un sistema de relación y de comunicación con las personas integral, corporativo e multidepartamental.

b) Un sistema de relación con las personas integral, corporativo e multidepartamental.

c) Un sistema de comunicación con las personas integral, corporativo e multidepartamental.

d) Un sistema de relación y de comunicación con las personas integral, gubernativo e multidepartamental.

20. El Ayuntamiento de A Coruña deberá adoptar las medidas necesarias para la protección de los datos personales que consten en:

a) Las resoluciones y actos administrativos, cuando tengan por destinataria a más de una persona interesada, así como aplicar, en su caso, otros límites previstos en la legislación vigente sobre protección de datos de carácter personal.

b) Las resoluciones, cuando tengan por destinataria a más de una persona interesada, así como aplicar, en su caso, otros límites previstos en la legislación vigente sobre protección de datos de carácter personal.

c) Los actos administrativos, cuando tengan por destinataria a más de una persona interesada, así como aplicar, en su caso, otros límites previstos en la legislación vigente sobre protección de datos de carácter personal.

d) Las resoluciones y actos administrativos, cuando tengan por destinataria a más de una persona interesada, así como aplicar, en su caso, otros límites previstos en la ley vigente sobre protección de datos de carácter personal.

21. Las medidas necesarias para la protección de los datos personales podrán incluir, entre otras:

a) La utilización de iniciales, la transcripción para la certificación parcial de acuerdos, en su caso, generada automáticamente mediante el uso de metadatos, o el uso de anexos excluidos de certificación y posterior notificación.

b) La utilización de iniciales, la transcripción para la certificación parcial de resoluciones, en su caso, generada automáticamente mediante el uso de metadatos, o el uso de anexos excluidos de certificación y posterior notificación.

c) La utilización de iniciales, la transcripción para la certificación parcial de acuerdos y resoluciones, en su caso, generada automáticamente mediante el uso de metadatos, o el uso de anexos excluidos de certificación y posterior notificación.

d) La utilización de iniciales, la transcripción para la certificación parcial de acuerdos y resoluciones, en su caso, generada automáticamente mediante el uso de datos, o el uso de anexos excluidos de certificación y posterior notificación.

22. Indica cuáles son los requisitos, entre otros, para que la comparecencia electrónica permita la práctica de la notificación:

a) Deberá quedar acreditación de la identificación de la persona que accede a la notificación, de acuerdo con lo que disponga el Ayuntamiento de A Coruña.

b) Deberá informarse de forma claramente identificable de que el acceso de la persona interesada al contenido tendrá el carácter de notificación para los efectos legales oportunos.

c) Son correctas a) y b).

d) Es correcta únicamente la letra b).

23. La creación, modificación y supresión de las oficinas de asistencia en materia de registro corresponde:

a) Al titular del órgano competente en materia de atención ciudadana.

b) Al titular del órgano competente en materia de atención cívica.

c) Al titular del órgano competente en materia de atención popular.

d) Al titular del órgano competente en materia de atención civil.

24. Indica cuales son las funciones de las oficinas de atención ciudadana, que asumen las funciones de las oficinas de asistencia en materia de registro:

a) Enviar las solicitudes, los escritos y las comunicaciones a los órganos competentes de la entidad local y de otras administraciones públicas.

b) Otorgar apoderamientos apud acta a quien tenga la condición de persona interesada en un procedimiento administrativo y comparezca personalmente.

c) Inscribir la representación de las personas que lo soliciten en el registro electrónico de representación de la entidad local.

d) Todas son correctas.

25. Toda notificación deberá ser cursada dentro de un plazo a partir de la fecha en que el acto fuese dictado. Indica cuál es este plazo:

a) 10 días.

b) 15 días.

c) 20 días.

d) 30 días.

Solución al test n.º 6

1. d) Todas son correctas.

2. b) 3.

3. a) 10 a 16.

4. c) El artículo 13 de la Ley 39/2015, de 2 de octubre, del procedimiento administrativo común de las administraciones públicas, y de más derechos reconocidos en otras normas.

5. d) Todas son correctas.

6. a) La publicación de un anuncio en el Tablón de edictos único y/o en el boletín oficial correspondiente.

7. c) 4.

8. c) 22 a 25.

9. a) La disponibilidad, accesibilidad y calidad de la información y de los servicios, tales como la política de protección de datos personales, política de cookies, responsabilidad por la información y servicios prestados, condiciones para la reutilización de la información difundida y propiedad intelectual aplicable.

10. b) Los/ as empresarios/as individuales o autónomos/as en el marco de las actuaciones que realicen en su condición de empresario/a individual o autónomo/a.

11. a) El acceso de la persona interesada, o de su representante debidamente identificado, al contenido de la actuación administrativa correspondiente, mediante la sede electrónica del Ayuntamiento de A Coruña.

12. d) Todas son correctas.

13. a) Valor probatorio para los efectos previstos en el procedimiento administrativo común.

14. c) Son correctas a) y b).

15. d) Todas son correctas.

16. d) 4.

17. a) 84 a 90.

18. d) Todas son correctas.

19. a) Un sistema de relación y de comunicación con las personas integral, corporativo e multidepartamental.

20. a) Las resoluciones y actos administrativos, cuando tengan por destinataria a más de una persona interesada, así como aplicar, en su caso, otros límites previstos en la legislación vigente sobre protección de datos de carácter personal.

21. c) La utilización de iniciales, la transcripción para la certificación parcial de acuerdos y resoluciones, en su caso, generada automáticamente mediante el uso de metadatos, o el uso de anexos excluidos de certificación y posterior notificación.

22. c) Son correctas a) y b).

23. a) Al titular del órgano competente en materia de atención ciudadana.

24. d) Todas son correctas.

25. a) 10 días.

Ley 19/2013, de 9 de diciembre, de transparencia, acceso a la información pública y buen gobierno: Transparencia de la actividad pública

Ley Orgánica 3/2018, de 5 de diciembre, de protección de datos personales y garantía de los derechos digitales: Disposiciones generales. Principios de protección de datos

1. La cualidad que permite y facilita el acceso de los ciudadanos a la información pública en poder de la Administración dentro de los límites establecidos por la legislación vigente, se conoce como:

a) Accesibilidad.
b) Transparencia.
c) Objetividad.
d) Buen gobierno.

2. En el Capítulo I del Título I: "Transparencia de la actividad pública" de la Ley 19/2013, concretamente en el art. 3, se señala que serán objeto de aplicación de las disposiciones las entidades privadas:

a) En cuyo capital social la participación, directa o indirecta, sea superior al 50 por 100.
b) Que perciban durante el período de un año ayudas o subvenciones públicas en una cuantía superior a 100.000 euros o cuando al menos el 40 % del total de sus ingresos anuales tengan carácter de ayuda o subvención pública, siempre que alcancen como mínimo la cantidad de 5.000 euros.
c) Con personalidad jurídica propia, vinculadas a cualquiera de las Administraciones Públicas o dependientes de ellas.
d) Que tengan atribuidas funciones de regulación o supervisión de carácter externo sobre un determinado sector o actividad.

3. El cumplimiento de las obligaciones derivadas de la Ley 19/2013, de 9 de diciembre, de transparencia, acceso a la información pública y buen gobierno, podrá realizarse utilizando los medios electrónicos puestos a su disposición por la Admi-

nistración Pública de la que provenga la mayor parte de las ayudas o subvenciones públicas percibidas cuando se trate de entidades sin ánimo de lucro que persigan exclusivamente fines de interés social o cultural y cuyo presupuesto sea inferior a:

a) 50.000 euros.
b) 100.000 euros.
c) 200.000 euros.
d) 250.000 euros.

4. Según lo previsto en el artículo 18 de la Ley 19/2013, de 9 de diciembre, de transparencia, acceso a la información pública y buen gobierno, se inadmitirán a trámite, mediante resolución motivada, las solicitudes de acceso a la información:

a) Relativas a los intereses económicos y turísticos.
b) Relativas a la garantía de la confidencialidad o el secreto requerido en procesos de toma de decisión.
c) Relativas a información para cuya divulgación sea necesaria una acción previa de reelaboración.
d) Relativas a infraestructuras críticas.

5. El acceso a la información pública requiere:

a) Solicitud previa.
b) Acreditación de la condición de interesado.
c) Motivación expresa.
d) La utilización de medios telemáticos.

6. Cuando la información pública solicitada no contuviera datos especialmente protegidos, el órgano al que se dirija la solicitud concederá el acceso previa .... suficientemente razonada del interés público en la divulgación de la información y los derechos de los afectados cuyos datos aparezcan en la información solicitada, en particular su derecho fundamental a la protección de datos de carácter personal. Señala la palabra que falta:

a) Catalogación.
b) Acreditación.
c) Ponderación.
d) Identificación.

7. El incumplimiento reiterado de la obligación de resolver en plazo procedimientos de acceso a la información pública:

a) Tendrá la consideración de infracción grave.
b) Tendrá la consideración de infracción muy grave.
c) Tendrá la consideración de infracción leve.
d) No tendrá la consideración de infracción.

8. Según el artículo 7 de la Ley 19/2013, de 9 de diciembre, de transparencia, acceso a la información pública y buen gobierno, relativo a la información de relevancia jurídica:

a) Las Administraciones Públicas, en el ámbito de sus competencias, publicarán los proyectos de Reglamento cuya iniciativa les corresponda.
b) Las Administraciones Públicas, en el ámbito de sus competencias, no publicarán los proyectos de Reglamento cuya iniciativa les corresponda.
c) Las Administraciones Públicas, en el ámbito de sus competencias, no podrán publicar los Anteproyectos de Ley hasta su aprobación.
d) Las Administraciones Públicas no podrán publicar los proyectos de Decretos Legislativos cuando se soliciten los dictámenes a los órganos consultivos.

9. La Ley 19/2013 destaca tres ejes fundamentales de toda acción política. Señala cuál de los siguientes no es correcto:

a) La transparencia.
b) El acceso a la información pública.
c) Las normas de buen gobierno.
d) Las incompatibilidades.

10. El título I de la Ley 19/2013 regula e incrementa la transparencia de la actividad de todos los sujetos que prestan servicios públicos o ejercen potestades administrativas mediante un conjunto de previsiones que se recogen en dos capítulos diferenciados y desde una doble perspectiva: el derecho de acceso a la información pública y:

a) Los conflictos de intereses.
b) La publicidad activa.
c) La austeridad.
d) Los principios de actuación.

11. Según la Ley 19/2013, de 9 de diciembre, de Transparencia, Acceso a la Información Pública y Buen Gobierno, el derecho de acceso podrá ser limitado cuando acceder a la información suponga un perjuicio para:

a) La seguridad pública.
b) La igualdad de las partes en los procesos judiciales y la tutela judicial efectiva.
c) La política económica y monetaria.
d) Todo lo anterior.

12. La motivación de una solicitud de acceso a la información, según la Ley 19/2013:

a) Es requisito ineludible para que se facilite la información.
b) Será causa de rechazo de la solicitud.
c) Las dos respuestas anteriores son ciertas.
d) Se deja a la decisión del solicitante.

13. Para que se aplique la Ley 19/2013 a sociedades mercantiles, la participación en las mismas de entidades de Derecho Público debe ser superior al:

a) 10 por 100.
b) 20 por 100.
c) 50 por 100.
d) No se aplica en caso alguno dicha ley a este tipo de sociedades.

14. Según el artículo 5 de la Ley 19/2013, de 9 de diciembre, de transparencia, acceso a la información pública y buen gobierno, la información sujeta a las obligaciones de transparencia será publicada en las correspondientes sedes electrónicas o páginas web:

a) De una manera clara, estructurada y entendible para los interesados.
b) Obligatoriamente, en formatos reutilizables.
c) Previa autorización del órgano inmediatamente superior al responsable de la sede electrónica o página web.
d) En los términos que establezca una ley.

15. Según el artículo 5 de la Ley 19/2013, de 9 de diciembre, de transparencia, acceso a la información pública y buen gobierno, toda la información será comprensible, de acceso fácil y gratuito y estará a disposición de las personas con discapacidad en una modalidad suministrada por medios o en formatos adecuados de manera que resulten accesibles y comprensibles, conforme al principio de:

a) Igualdad de oportunidades.
b) No discriminación.
c) Eficacia.
d) Accesibilidad universal y diseño para todos.

16. Señala la respuesta incorrecta. Según el artículo 6 de la Ley 19/2013, de 9 de diciembre, de transparencia, acceso a la información pública y buen gobierno, los sujetos comprendidos en el ámbito de aplicación de su título I deben publicar información relativa a:

a) Las funciones que desarrollan.
b) La normativa que les sea de aplicación.
c) El personal adscrito.
d) Su estructura organizativa.

17. En virtud del artículo 7 de la Ley 19/2013, de 9 de diciembre, de transparencia, acceso a la información pública y buen gobierno, ¿deben publicar las Administraciones Públicas, en el ámbito de sus competencias, las directrices, instrucciones, acuerdos, circulares o respuestas a consultas planteadas por los particulares u otros órganos?

a) No, en ningún caso.
b) Sí, en todo caso.

c) Sí, siempre que no tengan efectos jurídicos.

d) Sí, en la medida en que supongan una interpretación del Derecho o tengan efectos jurídicos.

18. Conforme al artículo 8 de la Ley 19/2013, de 9 de diciembre, de transparencia, acceso a la información pública y buen gobierno, NO es necesario que los sujetos incluidos en el ámbito de aplicación de su título I deban hacer pública, la siguiente información relativa a los actos de gestión administrativa con repercusión económica o presupuestaria:

a) La relación de los convenios suscritos, con mención de las partes firmantes, su objeto, plazo de duración, modificaciones realizadas, obligados a la realización de las prestaciones y, en su caso, las obligaciones económicas convenidas.

b) Las declaraciones anuales de bienes y actividades de los representantes locales, con especial referencia a los datos relativos a la localización concreta de los bienes inmuebles.

c) Las retribuciones percibidas anualmente por los altos cargos y máximos responsables de las entidades incluidas en el ámbito de la aplicación del citado título I. Igualmente, se harán públicas las indemnizaciones percibidas, en su caso, con ocasión del abandono del cargo.

d) Las resoluciones de autorización o reconocimiento de compatibilidad que afecten a los empleados públicos así como las que autoricen el ejercicio de actividad privada al cese de los altos cargos de la Administración General del Estado o asimilados según la normativa autonómica o local.

19. Señala la respuesta incorrecta. El derecho de acceso a la información pública podrá ser limitado cuando acceder a la información suponga un perjuicio para:

a) Los intereses económicos y comerciales.

b) La garantía de la confidencialidad o el secreto requerido en procesos de toma de decisión.

c) El honor de los funcionarios o cargos directivos.

d) La protección del medio ambiente.

20. Los documentos que contengan datos personales de carácter policial, procesal, clínico o de cualquier otra índole que puedan afectar a la seguridad de las personas, a su honor, a la intimidad de su vida privada y familiar y a su propia imagen, no podrán ser públicamente consultados sin que medie consentimiento expreso de los afectados o hasta que haya transcurrido un plazo desde su muerte, si su fecha es conocida, de:

a) 25 años.

b) 30 años.

c) 40 años.

d) 50 años.

21. Señala la respuesta incorrecta. La solicitud de acceso a la información pública podrá presentarse por cualquier medio que permita tener constancia de:

a) La identidad del solicitante.
b) La información que se solicita.
c) Una dirección de contacto, preferentemente electrónica, a efectos de comunicaciones.
d) La motivación de la solicitud.

22. No es una causa de inadmisión de las solicitudes de acceso a la información pública:

a) Que se refieran a información que esté en curso de elaboración o de publicación general.
b) Que se dirijan a un órgano en cuyo poder no obre la información.
c) Que sean manifiestamente repetitivas.
d) Que se refieran a información para cuya divulgación sea necesaria una acción previa de reelaboración.

23. Cuando la solicitud de información pública no identifique de forma suficiente la información, se pedirá al solicitante que la concrete en un plazo de:

a) 10 días.
b) 15 días.
c) 20 días.
d) 30 días.

24. La resolución en la que se conceda o deniegue el acceso a información pública deberá notificarse al solicitante y a los terceros afectados que así lo hayan solicitado en el plazo máximo, desde la recepción de la solicitud por el órgano competente para resolver, de:

a) 10 días.
b) 15 días.
c) 20 días.
d) 1 mes.

25. El acceso a la información pública se realizará preferentemente por vía electrónica, salvo cuando no sea posible o el solicitante haya señalado expresamente otro medio. Cuando no pueda darse el acceso en el momento de la notificación de la resolución deberá otorgarse, en cualquier caso, en un plazo no superior a:

a) 5 días.
b) 7 días.
c) 10 días.
d) 15 días.

26. El RGPD señala, al determinar cuál es su objeto, que la libre circulación de los datos personales en la Unión:

a) Podrá ser restringida y prohibida por motivos relacionados con la protección de las personas físicas en lo que respecta al tratamiento de datos personales.

b) Podrá ser restringida, pero no prohibida, por motivos relacionados con la protección de las personas físicas en lo que respecta al tratamiento de datos personales.

c) No podrá ser restringida ni prohibida por motivos relacionados con la protección de las personas físicas en lo que respecta al tratamiento de datos personales.

d) No podrá ser restringida, pero sí prohibida, por motivos relacionados con la protección de las personas físicas en lo que respecta al tratamiento de datos personales.

27. ¿En virtud de qué principio previsto por el Reglamento General de Protección de Datos, los datos personales serán adecuados, pertinentes y limitados a lo necesario en relación con los fines para los que son tratados?

a) Principio de exactitud.

b) Principio de limitación de la finalidad.

c) Principio de responsabilidad proactiva.

d) Principio de minimización de datos.

28. En relación con el consentimiento, el Reglamento General de Protección de Datos dispone que:

a) El consentimiento puede deducirse del silencio o de la inacción de los ciudadanos.

b) Se permite el llamado consentimiento tácito.

c) No es admisible el consentimiento del interesado dado en el contexto de una declaración escrita que también se refiera a otros asuntos.

d) Quienes recopilen datos personales deben ser capaces de demostrar que el afectado les otorgó su consentimiento.

29. Según el artículo 5 del *Reglamento (UE) 2016/679, de 27 de abril, relativo a la protección de las personas físicas en lo que respecta al tratamiento de datos personales y a la libre circulación de estos datos*, los datos personales serán tratados, en relación con el interesado, de manera lícita, leal y:

a) Fiable.

b) Segura.

c) Confidencial.

d) Transparente.

30. Conforme al artículo 3 de la LO 3/2018, las personas vinculadas al fallecido por razones familiares o de hecho así como sus herederos:

a) No podrán dirigirse al responsable o encargado del tratamiento para solicitar el acceso a los datos personales de aquella, si no es por vía judicial.

b) Solo podrán dirigirse al encargado del tratamiento, siempre que sea con objeto de rectificar datos manifiestamente falsos.

c) Podrán dirigirse al responsable o encargado del tratamiento siempre que sea con objeto de solicitar la supresión de los datos personales de aquella sin posibilidad de acceder a ellos.

d) Podrán dirigirse al responsable o encargado del tratamiento al objeto de solicitar el acceso a los datos personales de aquella y, en su caso, su rectificación o supresión.

31. Según el artículo 3 de la LO 3/2018, los requisitos y condiciones para acreditar la validez y vigencia de los mandatos e instrucciones de las personas fallecidas respecto al acceso a los datos personales de estas por parte de las personas o instituciones que designaran expresamente, serán establecidos:

a) Por medio de una directiva europea.
b) Por ley estatal.
c) Por ley autonómica.
d) Por real decreto.

32. Conforme a los artículos 4.11 del RGPD y 6.1 de la LO 3/2018, se entiende por *consentimiento del afectado* la aceptación, ya sea mediante una declaración o una clara acción afirmativa, del tratamiento de datos personales que le conciernen manifestada por voluntad libre, de forma específica, informada e/y:

a) Detallada.
b) Unitaria.
c) Inequívoca.
d) Por escrito.

33. Conforme al principio de limitación de la finalidad, los datos personales serán recogidos con fines determinados, explícitos y:

a) Limitados.
b) Transparentes.
c) Compatibles.
d) Legítimos.

34. Según el artículo 8.1 de la LO 3/2018, el tratamiento de datos personales solo podrá considerarse fundado en el cumplimiento de una obligación legal exigible al responsable:

a) Cuando así lo prevea una norma de Derecho de la Unión Europea o una norma con rango de ley.
b) Cuando el tratamiento se considere una misión realizada en interés público.
c) Cuando se trate del ejercicio de poderes públicos conferidos al responsable.
d) Cuando el responsable sea un órgano u organismo público.

35. Conforme al artículo 9 de la LO 3/2018, de 5 de diciembre, de Protección de Datos Personales y garantía de los derechos digitales, ¿cuál de los siguientes tratamientos de categorías especiales de datos fundados en el Derecho español deberá estar amparado en una norma con rango de ley?

a) El interesado dio su consentimiento explícito para el tratamiento de dichos datos personales con uno o más de los fines especificados.

b) El tratamiento es necesario para el cumplimiento de obligaciones y el ejercicio de derechos específicos del responsable del tratamiento o del interesado en el ámbito del Derecho laboral y de la seguridad y protección social.

c) El tratamiento es necesario para proteger intereses vitales del interesado o de otra persona física, en el supuesto de que el interesado no esté capacitado, física o jurídicamente, para dar su consentimiento.

d) El tratamiento es necesario por razones de interés público en el ámbito de la salud pública, como la protección frente a amenazas transfronterizas graves para la salud, o para garantizar elevados niveles de calidad y de seguridad de la asistencia sanitaria y de los medicamentos o productos sanitarios.

36. Según el artículo 7.1 de la LO 3/2018, el tratamiento de los datos personales de un menor de edad únicamente podrá fundarse en su consentimiento cuando sea mayor de:

a) 12 años.
b) 13 años.
c) 14 años.
d) 16 años.

Solución al test n.º 7

1. b) Transparencia.

2. b) Que perciban durante el período de un año ayudas o subvenciones públicas en una cuantía superior a 100.000 euros o cuando al menos el 40 % del total de sus ingresos anuales tengan carácter de ayuda o subvención pública, siempre que alcancen como mínimo la cantidad de 5.000 euros.

3. a) 50.000 euros.

4. c) Relativas a información para cuya divulgación sea necesaria una acción previa de reelaboración.

5. a) Solicitud previa.

6. c) Ponderación.

7. a) Tendrá la consideración de infracción grave.

8. a) Las Administraciones Públicas, en el ámbito de sus competencias, publicarán los proyectos de Reglamento cuya iniciativa les corresponda.

9. d) Las incompatibilidades.

10. b) La publicidad activa.

11. d) Todo lo anterior.

12. d) Se deja a la decisión del solicitante.

13. c) 50 por 100.

14. a) De una manera clara, estructurada y entendible para los interesados.

15. d) Accesibilidad universal y diseño para todos.

16. c) El personal adscrito.

17. d) Sí, en la medida en que supongan una interpretación del Derecho o tengan efectos jurídicos.

18. b) Las declaraciones anuales de bienes y actividades de los representantes locales, con especial referencia a los datos relativos a la localización concreta de los bienes inmuebles.

19. c) El honor de los funcionarios o cargos directivos.

20. a) 25 años.

21. d) La motivación de la solicitud.

22. b) Que se dirijan a un órgano en cuyo poder no obre la información.

23. a) 10 días.

24. d) 1 mes.

25. c) 10 días.

26. c) No podrá ser restringida ni prohibida por motivos relacionados con la protección de las personas físicas en lo que respecta al tratamiento de datos personales.

27. d) Principio de minimización de datos.

28. d) Quienes recopilen datos personales deben ser capaces de demostrar que el afectado les otorgó su consentimiento.

29. d) Transparente.

30. d) Podrán dirigirse al responsable o encargado del tratamiento al objeto de solicitar el acceso a los datos personales de aquella y, en su caso, su rectificación o supresión.

31. d) Por real decreto.

32. c) Inequívoca.

33. d) Legítimos.

34. a) Cuando así lo prevea una norma de Derecho de la Unión Europea o una norma con rango de ley.

35. d) El tratamiento es necesario por razones de interés público en el ámbito de la salud pública, como la protección frente a amenazas transfronterizas graves para la salud, o para garantizar elevados niveles de calidad y de seguridad de la asistencia sanitaria y de los medicamentos o productos sanitarios.

36. c) 14 años.

Cómo acceder al Curso

Subalterno/a
Test del temario

El uso de los códigos **es exclusivo de los compradores de los productos de Editorial MAD**. Cada producto posee un código único y de un solo uso. Es personal e intransferible y da acceso a servicios y contenidos adicionales. Editorial MAD se reserva el derecho de hacer cuantas comprobaciones sean necesarias para identificar al legítimo poseedor del código y dejar de dar servicio a quien haga uso fraudulento del mismo, además de emprender cuantas acciones legales estime oportunas según la legislación vigente.

Deberás acceder a:

mad.es/registro-campus

Si una vez aceptadas las condiciones de uso del Campus decides hacer uso del mismo, necesitarás del siguiente código de acceso junto con los códigos del resto de títulos que se exigen (si fuera el caso):

8QKXMDCJU2